Deutschbuch

Arbeitsheft 9

Berlin, Brandenburg, Mecklenburg-Vorpommern,
Sachsen, Sachsen-Anhalt, Thüringen

Herausgegeben von
Andrea Wagener

Erarbeitet von
Petra Bowien, Birgit Patzelt
und Gerhild Schenk

Cornelsen

Inhaltsverzeichnis

Die Übersicht auf diesen Seiten hilft dir, die Arbeit mit dem Arbeitsheft zu planen und zu überprüfen. Nach dem Bearbeiten einer Übung musst du deine Ergebnisse sorgfältig mit dem Lösungsheft abgleichen. Trage ein, wann du die Seiten bearbeitet hast, und kreuze an, wie dir die Übungen gelungen sind:

☺ Gut gelungen! 😐 Das Meiste richtig. ☹ Manchmal unsicher.

Kennzeichnungen in diesem Arbeitsheft:

1 Aufgabe

●●● knifflige Aufgabe oder Aufgabe für die Schnellen

Merkwissen Zusammenfassung des Grundwissens

Tipp Tipps und Arbeitshilfen

→ Der Pfeil sagt dir, auf welcher Seite du etwas nachschlagen kannst.

Mit dem beiliegenden Lösungsheft kannst du deine Ergebnisse selbst überprüfen.

Einen Informationstext verfassen

Methode Einen Informationstext schreiben

In einem Informationstext erklärst und beschreibst du Sachverhalte gut verständlich. Gehe so vor:

1 Die Aufgabenstellung verstehen
- Kläre, was in der Aufgabenstellung von dir erwartet wird.

2 Die Materialien erschließen (Stoffsammlung)
- Verschaffe dir einen ersten Überblick über die Materialien, indem du sie zügig liest.
- Kläre unbekannte Wörter und Textstellen durch Nachdenken oder Nachschlagen.
- Lies die Materialien mit dem Stift in der Hand. Unterstreiche wichtige Informationen und notiere am Textrand Stichwörter.

3 Die Gliederung erstellen (Schreibplan)
- Entwirf eine Gliederung für deinen Informationstext (Einleitung, Hauptteil, Schluss). Beachte dabei die Struktur der Aufgabenstellung. Die Abfolge der Teilaufgaben gibt dir den Textaufbau bereits vor.

4 Den Informationstext schreiben und überarbeiten
- Nutze eigene Worte und formuliere sachlich.
- Achte darauf, dass dein Text der Gliederung folgt, also eine klare gedankliche Struktur hat.
- Mache Zusammenhänge auch sprachlich deutlich, z. B. durch Satzverknüpfungen und Überleitungen *(weil, obwohl, daher, ein anderer Punkt …)*.
- Schreibe vorwiegend im Präsens und verwende – wenn nötig – die indirekte Rede (→S. 62).

1 a Lies das Methodenwissen und den folgenden Informationstext, der ein gelungenes Beispiel darstellt.
b Überlege eine passende Überschrift, die informativ ist und neugierig macht.

Mustertext

Einleitung

Nicht jeder möchte nach der Schule sofort eine Ausbildung oder ein Studium beginnen. Manche wollen erst einmal die Welt erkunden oder verschiedene Arbeiten und Berufsfelder ausprobieren, bevor sie sich festlegen. Eine Möglichkeit, beides zu verbinden, bietet das Konzept „Work and Travel", also Arbeiten und Reisen.

Hauptteil

Voraussetzung für diese Art des Auslandsaufenthalts ist neben einem Mindestalter eine gute Vorbereitung und Planung. Zwar muss nicht jede Arbeitsstelle schon zu Hause gefunden werden, trotzdem sollte man nicht einfach drauflosfahren.

Spezielle Work-and-Travel-Programme helfen bei der Organisation. Sie buchen Flüge und Unterkünfte, vermitteln Ansprechpartner für die Jobsuche und kümmern sich um Formalitäten wie Visum und Versicherungen. Ein anderer wichtiger Punkt ist, dass man sich über die Lebenshaltungskosten und Löhne der Reiseländer informiert, damit man nicht in finanzielle Schwierigkeiten gerät bzw. neben der Arbeit auch noch Zeit hat, Land und Leute kennen zu lernen. Sabine Hopf vom Online-Magazin „Reisebine" empfiehlt grundsätzlich, ausreichend Geld mitzunehmen. So habe man nicht gleich Druck, wenn man mal keinen Job findet.

Die Jobmöglichkeiten im Ausland sind vielfältig: Obst pflücken, kellnern oder Kinder betreuen. Neben den USA, Kanada und Neuseeland ist Australien das beliebteste Ziel. Dort ist man gut auf jobbende Reisende eingestellt. Laut Statistik fliegen etwa 16 000 junge Deutsche jedes Jahr dorthin. Eine von ihnen war Mira, die jetzt ihre Erfahrungen im Internet weitergibt. Ihr Tipp für eine preiswerte Unterkunft sind die örtlichen Hostels, wo man oft auch die besten Jobideen bekommt. Am besten, so verrät sie, sei es, wenn man im Waschraum auf seine Wäsche wartet und erzählt, dass man einen Job braucht.

Schluss

Die Vorteile eines Auslandsaufenthalts liegen auf der Hand: Man wird offener und selbstständiger, lernt unterschiedliche Menschen kennen, Sprachkenntnisse lassen sich verbessern und durch das Arbeiten kann man Beziehungen knüpfen und Netzwerke aufbauen.

2 Untersuche, wie der Text aufgebaut ist. Entwirf dazu eine Gliederung, die die wichtigsten Informationen in Stichwörtern enthält.

Einleitung: Arbeiten und Reisen im Ausland

Hauptteil: Vorbereitung

Worüber sollst du informieren? Die Aufgabenstellung verstehen

3 a Lies die folgende Aufgabenstellung.

b Markiere in unterschiedlichen Farben: den Anlass für das Schreiben des Textes orange, das gewünschte Thema und die vorgegebenen inhaltlichen Aspekte gelb, die Adressaten blau und die Textsorte grün.

An deiner Schule findet ein Informationstag zum Thema „Wie geht es nach der Schule weiter?" statt. Eure Klasse erstellt aus diesem Anlass für eure Mitschülerinnen und Mitschüler eine Informationsmappe über verschiedene Möglichkeiten, die Zeit zwischen Schule und Ausbildung bzw. Studium sinnvoll zu nutzen. Verfasse auf Grundlage der Materialien 1 bis 4 einen zusammenhängenden Informationstext zum Thema „Internationaler Jugendfreiwilligendienst" (IJFD). Gehe darin auf folgende Aspekte ein:

- Erkläre, was ein IJFD ist und unter welchen Bedingungen man daran teilnehmen kann.
- Stelle Lara Langenberg knapp vor und erläutere an ihrem Beispiel Chancen und Probleme eines IJFD.
- Schlussfolgere anhand der Materialien und eigener Überlegungen, für welche Schülerinnen und Schüler die Teilnahme an einem IJFD sinnvoll wäre.

c Kreuze für jede Aussage an, ob sie richtig oder falsch ist.

	richtig	falsch
A Ich soll in meinem Text alles aufschreiben, was ich in den Materialien über den IJFD erfahre, und schreiben, wie ich den IJFD beurteile.	☐	☐
B Ich soll in meinem Text den IJFD und die Teilnahmebedingungen erklären, am Beispiel von Lara Langenberg Chancen und Probleme des IJFD erläutern und am Schluss schreiben, für welche Schülerinnen und Schüler ein IJFD geeignet wäre.	☐	☐
C Ich soll Mitschülerinnen und Mitschüler mit einem spannenden Text unterhalten, der persönliche Erfahrungen einschließt.	☐	☐
D Der Text soll sachlich sein und meine Mitschülerinnen und Mitschüler und ihre Eltern davon überzeugen, dass der IJFD sinnvoll ist.	☐	☐

Die Materialien erschließen: Texte und Grafiken

4 Lies die folgenden Materialien zügig und notiere für jedes Material stichwortartig, welche Art von Informationen es enthält.

Material 1: ______

Material 2: ______

Material 3: ______

Material 4: ______

Material 1

Mein Lebensabenteuer Kenia

Lara Langenberg ist 18 Jahre alt. Sie absolvierte von 2013 bis 2014 einen Internationalen Jugendfreiwilligendienst in einer Grundschule für Mädchen in Kenia. In ihrem Blog findet sich u. a. ihr Abschlussbericht:

Wenn ich auf meine Zeit als Volontärin in Kenia zurückblicke, wird mir klar, wie unglaublich dankbar ich bin, dass ich die Möglichkeit hatte, so viele aufregende Momente zu erleben und so viele wahnsinnig interessante und warmherzige Menschen zu treffen, die mich mit ihren Geschichten berührt haben. Chancen
Aber natürlich waren diese sechs Monate nicht nur einfach. Direkt am Anfang musste ich einige Probleme bewältigen, die ich so nicht erwartet hätte. Da passt das Sprichwort „Erstens kommt es anders und zweitens als man denkt!“ wie die Faust aufs Auge. Die einzigen Informationen, die ich über mein Projekt und meine Wohnsituation hatte, waren, dass ich an einer Grundschule für Mädchen unterrichten soll, und zwar in Manga, das nur eine halbe Stunde von Kisii entfernt liegen sollte. Diese Informationen erwiesen sich als Trugschluss, als ich mit meiner Gastmutter nach Manga gefahren bin, das 1,5 Stunden von Kisii entfernt liegt, und auf dem Schultor lesen musste: Manga Girls Highschool. Mädchen zu unterrichten, die gleichaltrig oder sogar älter sind und Englisch teilweise besser können als ich, war das genaue Gegenteil von dem, was ich während meines Freiwilligendienstes machen wollte. Da ich an dieser Situation erst einmal nichts ändern konnte, habe ich die ersten zwei Monate in der Highschool gearbeitet, währenddessen aber versucht, Kontakt zu einer Primary School nebenan herzustellen, und es nach einigen Wochen auch geschafft, an beiden Schulen zu unterrichten. Diese ganze Zeit war nicht wirklich einfach für mich. Dazu kam, dass in der Highschool mit großer Selbstverständlichkeit der Stock benutzt wurde, obwohl es gesetzlich verboten ist. […] In diesen ersten Monaten habe ich schon das eine oder andere Mal gezweifelt, ob es die richtige Entscheidung war, diesen Freiwilligendienst zu absolvieren. Doch wenn ich jetzt darüber nachdenke, hätte mir nichts Besseres passieren können. Außerdem war ich nicht allein. Wenn ich nach der Arbeit nach Hause kam, verschwand der Zweifel meistens sofort. Ich habe eine unglaublich freundliche, lustige und verständnisvolle Gastfamilie gehabt, die mich mit offenen Armen empfangen hat. An die anderen Lebensumstände, wie kein Strom, kein fließendes Wasser, Dusche unter freiem Himmel und Kochen in der Feuerküche, habe ich mich sehr schnell gewöhnt und es eher als abenteuerlich empfunden.
Häufig werde ich gefragt: „Hast du etwas mit deinem Freiwilligendienst bewirkt?“ Darauf weiß ich ganz klar eine Antwort: „Ja, auf jeden Fall!“ Ob ich etwas bei den Menschen vor Ort bewirkt habe, muss man sie selbst fragen. Aber ich selbst habe in dieser Zeit unglaublich viel gelernt, neue Denkweisen kennen gelernt und mich dadurch weiterentwickelt. Mein Bild von Kenia und den Menschen dort habe ich mit neuen Erkenntnissen übermalt.

Quelle: http://lara-karibu.blogspot.de (Stand: 19.02.2015)

Material 2

Regenwaldprojekt, Indonesien

Der Internationale Jugendfreiwilligendienst

Ein Auslandsjahr oder auch nur einige Monate im Ausland zu verbringen, ist der Wunsch vieler Jugendlicher, die ihre Schulausbildung abgeschlossen haben und mit dem Studium oder der beruflichen Ausbildung noch nicht beginnen wollen. Der Internationale Jugendfreiwilligendienst (IJFD) ist eine von mehreren Möglichkeiten, diesen Traum vom Ausland zu verwirklichen.
Er richtet sich an Jugendliche im Alter von 16 bis 26 Jahren. Es ist unerheblich, welche Schulausbildung und ob bereits eine abgeschlossene Berufsausbildung vorliegt. Auch Jugendliche ohne Schulabschluss können am IJFD teilnehmen.
Einsatzstellen des Internationalen Jugendfreiwilligendienstes sind gemeinwohlorientierte Einrichtungen, die in folgenden Einsatzbereichen arbeiten:

- im sozialen Bereich, also mit Kindern und Jugendlichen, mit alten, kranken und behinderten Menschen,
- im Sport, in der Kultur sowie der Denkmalpflege,
- auf ökologischem Gebiet, vor allem im Naturschutz, in der Umweltbildung oder in der nachhaltigen Entwicklung,
- im Bildungswesen, also in Schulen oder Kindergärten,
- in den Bereichen Frieden und Versöhnung sowie Demokratieförderung.

Quelle: www.internationaler-jugend-freiwilligendienst.de/ijfd/ (Stand: 19.02.2015)

Material 3

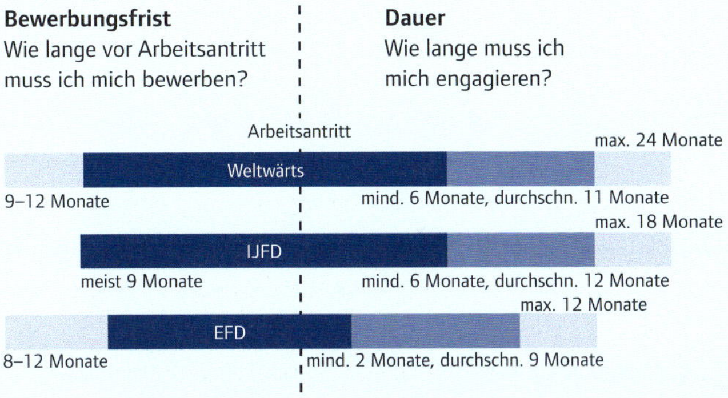

Dunkelblau stellt die kürzeste Zeit zwischen Bewerbung/Anmeldung und Ende des Projekts dar. Mittelblau bildet den Regelfall ab. Hellblau stellt seltene Fälle dar.

Quelle: www.wegweiser-freiwilligenarbeit.com/wp-content/uploads/2013/11/bewerbungsfristen-dauer-freiwilligendienste1.png (Stand: 19.02.2015)

Material 4

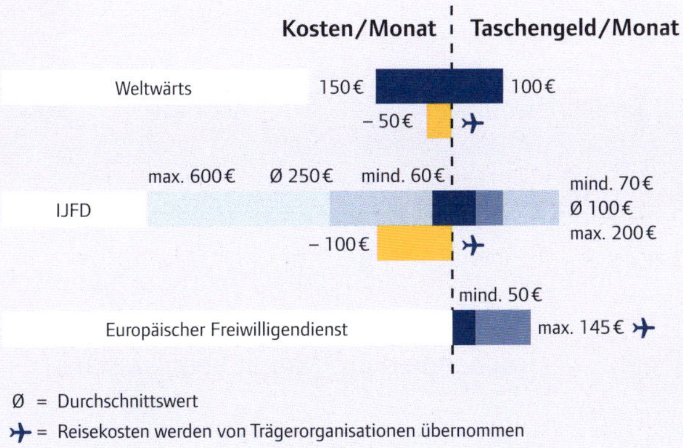

Bei *Weltwärts* und *IJFD* bekommen die Freiwilligen ein Taschengeld, werden aber gleichzeitig angehalten, einen Spenderkreis aufzubauen. Der Saldo fällt in der Regel negativ aus (orangefarben dargestellt), wenn das Spendenziel erreicht wird. Sowohl Taschengeld als auch Spendenziel werden in bestimmten Grenzen von den Trägerorganisationen festgelegt und sind deshalb nicht einheitlich.

Quelle: www.wegweiser-freiwilligenarbeit.com/wp-content/uploads/2013/11/kosten-taschengeld-freiwilligendienste.png (Stand: 19.02.2015)

5 Lies Material 1 und 2 auf S. 6–7 aufmerksam.
a Kläre unbekannte Begriffe aus dem Zusammenhang oder mithilfe eines Wörterbuchs.
b Markiere in den Texten wichtige Informationen, die du zum Verfassen deines Informationstextes benötigst.
c Notiere am Rand, zu welchem Aspekt (z. B. Teilnahmebedingungen, Chancen …) die jeweiligen Informationen passen.

6 Bei Material 1 handelt es sich um eine persönliche Schilderung. Werte den Text für die Zwecke deines Informationstextes aus. Leite hierfür aus den folgenden subjektiven Äußerungen objektive Aussagen ab und formuliere diese sachlich.

Tipp In einem Informationstext **werden nur sachliche Informationen** wiedergegeben. Persönliche Schilderungen oder subjektive Äußerungen, die evtl. in einer Informationsquelle (Material) enthalten sind, müssen entsprechend ausgewertet und in objektive Aussagen umformuliert werden.

A […] interessante und warmherzige Menschen […], die mich mit ihren Geschichten berührt haben. (Z. 6 f.)

Auf menschlicher Ebene kann man bereichernde Erfahrungen machen.

B […] „Erstens kommt es anders und zweitens als man denkt!“ (Z. 9 f.)

______

C […] dass in der Highschool mit großer Selbstverständlichkeit der Stock benutzt wurde, obwohl es gesetzlich verboten ist. (Z. 21 f.)

______

D […] Lebensumstände, wie kein Strom, kein fließendes Wasser, Dusche unter freiem Himmel und Kochen in der Feuerküche […] (Z. 28 f.)

______

E […] „Hast du etwas mit deinem Freiwilligendienst bewirkt?“ Darauf weiß ich ganz klar eine Antwort: „Ja, auf jeden Fall!“ (Z. 31 f.)

______

7 a Untersuche die beiden Grafiken auf S. 7 (Material 3 und 4). Prüfe, welche Balken jeweils für deinen Informationstext relevant sind.
b Welche Informationen liefern die Grafiken zum IJFD? Vervollständige die folgenden Sätze.

Für den IJFD sollte man sich ______ bewerben.

Die Dauer beträgt ______ bis ______, im Durchschnitt ______ Monate.

Die Kosten für den IFJD werden in der Regel finanziert durch ______ ______. Sollte dies nicht gelingen, können die monatlichen Kosten zwischen ______ und ______ Euro liegen. Das Taschengeld pro Monat liegt zwischen ______ und ______ Euro, im Durchschnitt bei ______ Euro. Die Reisekosten ______ ______.

Eine Gliederung erstellen

8 a Erarbeite eine Gliederung für den Hauptteil deines Textes. Notiere dafür in der linken Spalte der Tabelle, über welche Aspekte du in welcher Reihenfolge informieren möchtest.
b Ordne jedem Punkt deiner Gliederung in der rechten Spalte der Tabelle die Informationen aus den Materialien zu. Notiere Stichwörter.

Tipp Beachte bei der **Gliederung** deines Textes die Aufgabenstellung: Die Abfolge der Teilaufgaben gibt dir den Textaufbau vor.

Einleitung

IFJD

Hauptteil

Alter:

Kosten:

Schluss

Teilnahme sinnvoll für:

Den Informationstext schreiben und überarbeiten

9 Verfasse einen Informationstext zum Thema „Internationaler Jugendfreiwilligendienst".
Schreibe ins Heft und lege den Schreibplan wie folgt an:

a Wecke in der Einleitung das Interesse deiner Leser/-innen und führe in das Thema ein. Beginne z. B. so:

Viele Schülerinnen und Schüler wünschen sich, nach ihrer Schulzeit …

Durch den Internationalen Jugendfreiwilligendienst (IJFD) …

Es handelt sich dabei um eine Organisation, die …

b Arbeite mithilfe deiner Gliederung (→ Aufgabe 8) den Hauptteil deines Textes aus. Schreibe mit eigenen Worten und formuliere knapp und sachlich. Zeige die Zusammenhänge der Informationen sprachlich durch Satzverknüpfungen, z. B.:

Die Kosten bleiben relativ gering, wenn man einen großen Spenderkreis aufgebaut hat.

Der IJFD kann eine große Chance sein, weil … Außerdem …

Allerdings können auf die Teilnehmenden auch Probleme zukommen …

Schreibe vorwiegend im Präsens und gib Äußerungen anderer in indirekter Rede wieder (→ S. 60), z. B.:

Die Schülerin Lara Langenberg erklärt nach ihrem IJFD in …, sie habe …

c Folgere am Schluss, für welche Schülerinnen und Schüler die Teilnahme im IJFD sinnvoll wäre, z. B.:

Der IJFD ist lohnend für Schülerinnen und Schüler, die …

d Formuliere eine treffende Überschrift.

10 ●●● Erstelle Fragen für eine Checkliste zum Schreiben eines informierenden Textes.
Der Methodenkasten auf S. 4 hilft dir dabei.

Tipp Nutze die Checkliste für die Überarbeitung deines Informationstextes.

Enthält der Text alle Informationen zu ______________________ ?

Wurden Meinungen oder persönliche Aussagen aus den Materialien ______________________ ?

Ist der Text für Mitschülerinnen und Mitschüler ______________________ ?

Ist der Text klar gegliedert in ______________________ ?

Orientiert sich die Gliederung an ______________________ ?

Ist der Text ______________________ und mit ______________________ formuliert?

Wurde vorwiegend das ______________________ verwendet, wurden Äußerungen anderer in der ______________________ wiedergegeben?

Sind Zusammenhänge ______________________ ?

Eine Bewerbung verfassen

Merkwissen Schreibplan für ein Bewerbungsschreiben

Das Bewerbungsschreiben ist ein **sachlicher Brief** mit folgenden Bausteinen:
- Briefkopf (Absender, Datum, Anschrift), Betreffzeile (in Stichworten, worum es geht),
- Anrede, Text (Aufbau: Einleitung, Hauptteil, Schluss),
- Briefschluss mit Bitte um Einladung zum Vorstellungsgespräch,
- Grußformel und Unterschrift,
- Hinweis auf Anlagen (ggf. aufzählen).

Stelle überzeugend dar, warum du dich auf die konkrete Stelle bewirbst.
Erkläre, welche besonderen Fähigkeiten und Erfahrungen dich für genau diese Stelle empfehlen.

1 Lies das Merkwissen und das folgende Bewerbungsschreiben.

Mustertext

Nora Blume
Bötzowstr. 4
10407 Berlin

Berlin, 9. Oktober 2015

Schmuckkästchen
Frau Dahlia Maury
Fabeckstr. 14
14095 Berlin

Bewerbung um einen Ausbildungsplatz als Goldschmiedin

Sehr geehrte Frau Maury,

ich bewerbe mich bei Ihnen um einen Ausbildungsplatz zur Goldschmiedin. Durch Ihr Angebot bei der Lehrstellenbörse auf der Internetseite der Berliner Handwerkskammer bin ich auf Ihre Werkstatt aufmerksam geworden. Ich wünsche mir einen Beruf, in dem ich mein handwerkliches Geschick einbringen und kreative Ideen entwickeln kann.
Zurzeit besuche ich die Kurt-Schwitters-Gesamtschule in Berlin-Prenzlauer Berg. Diese werde ich im Juni nächsten Jahres mit dem Mittleren Schulabschluss beenden. In mehreren Ferienworkshops hatte ich die Gelegenheit, kreatives Gestalten mit unterschiedlichen Materialien auszuprobieren. Während meines Schülerpraktikums bei einem Juwelier konnte ich dann Eindrücke von der Arbeit mit Edelmetallen und Steinen gewinnen, was mich in meinem Berufswunsch bestärkte. Seitdem besuche ich einmal pro Woche die Jugendkunstschule, um mein zeichnerisches Talent weiter auszubauen.
Ich verfüge auch über gute Kenntnisse in Chemie, bin geschickt und sorgfältig. Gern möchte ich meine Kreativität und meinen Sinn für Ästhetik unter Beweis stellen. Dafür finden Sie in der Anlage einige meiner Zeichnungen und Fotos von selbstgefertigten Arbeiten.

Über eine Einladung zu einem persönlichen Gespräch würde ich mich sehr freuen.

Mit freundlichen Grüßen
Nora Blume

Anlagen: Lebenslauf, Kopie des letzten Zeugnisses, Praktikumsbescheinigung, Arbeitsproben

2 Weise nach, dass dieses Anschreiben die Bausteine einer Bewerbung enthält.

a Suche dazu Beispiele aus dem Text heraus.

Briefkopf:

b Notiere Gründe, warum sich Nora für einen Ausbildungsplatz als Goldschmiedin bewirbt.

3 Untersuche die folgende Stellenanzeige für einen Ausbildungsplatz.

a Markiere alle wichtigen Fakten gelb: Berufsbezeichnung, Name des Ausbildungsbetriebs, Adresse, Ansprechpartner, Ausbildungsbeginn.

b Markiere die genannten Anforderungen an Bewerberinnen und Bewerber grün.

Auf dem richtigen Weg – mit der Vogtlandbahn

Mit der Vogtlandbahn fahren Sie vornweg – auch im Beruf. Wir schaffen Verbindungen und setzen die Region in Bewegung. Mit Weitblick investieren wir in Mobilität und bieten ein dynamisches, modernes Arbeitsumfeld. Steigen Sie mit Ihrer Ausbildung bei uns ein!

Ausbildung zur/zum Fahrdienstleiter/-in

Zum 1. September 2015 suchen wir Sie als Azubi (w/m) zum Eisenbahner im Betriebsdienst der Fachrichtung Fahrweg. Sie steuern und kontrollieren vom Stellwerk aus das Schienennetz und den reibungslosen Zugverkehr. Sie verschaffen sich die Übersicht über Weichen und Signale, rangieren Züge und lernen, die Sicherheit von Fahrgästen und Transportgütern zu gewährleisten. Sitzen Sie gerne an den entscheidenden Schaltstellen? Dann sind Sie bei uns genau richtig.
Wichtig ist uns, dass Sie die Schule erfolgreich abgeschlossen haben und sich durch ein hohes Verantwortungsbewusstsein auszeichnen. Neben Zuverlässigkeit und Organisationstalent sollte Besonnenheit in hektischen Situationen zu Ihren Stärken zählen. Wenn Sie belastbar und teamfähig sind, passen Sie zur Vogtlandbahn.

Interessiert? Dann senden Sie Ihre Unterlagen an: Vogtlandbahn GmbH, Bereich Personal, Phillipp Gaißmeyer, Postfach 12 32 05, 92421 Schwandorf. Weitere Infos: www.vogtlandbahn.de
Für evtl. Fragen steht Ihnen Herr Gaißmeyer, Tel. (09431) 132-46 09, gern zur Verfügung.

4 Kreuze für jede Aussage an: Gibt sie die genannten Erwartungen an die Auszubildenden zutreffend wieder?

Der Ausbildungsbetrieb sucht Jugendliche, die …	zutreffend	nicht zutreffend
A sorgfältig und zuverlässig arbeiten.	☐	☐
B kreative und originelle Ideen entwickeln und umsetzen können.	☐	☐
C eine hohe Risikobereitschaft haben.	☐	☐
D auch bei Problemen und Störungen einen ruhigen Kopf bewahren.	☐	☐
E Entscheidungen besonnen und verantwortungsvoll treffen.	☐	☐

5 a Lies die beiden Kurzsteckbriefe von Carina und Matthias. Prüfe, ob ihre jeweiligen Interessen und Fähigkeiten zum angebotenen Ausbildungsplatz passen.

b Markiere in jedem Kurzsteckbrief Angaben, die zu den Anforderungen in der nachfolgenden Übersicht passen. Trage diese dort ein.

Carina liest gern Krimis, arbeitet beim Schulsanitätsdienst mit, besucht jeden Freitag ihre Oma, war bereits fünf Mal in Italien im Urlaub, führt in ihrem Fußballverein die Mannschaftskasse, trainiert die F-Jugend, hört Jazzmusik, ist ein Fan von Sherlock-Filmen, nimmt im Moment am Schiedsrichterlehrgang teil, isst kein Fleisch, bezeichnet Mathematik als ihr Lieblingsfach, plant für die Herbstferien ein Zeltlager mit den beiden anderen F-Jugendmannschaften, kann toll singen, kocht gern mit Freundinnen.

Matthias nimmt seit Klasse 6 an der Schach-AG teil, ist Besitzer eines Salzwasseraquariums, liest am liebsten den Sportteil der Zeitung, hört oft Radio, trägt am Wochenende Zeitungen aus, sammelt Schachfiguren, spielt Schlagzeug, tritt mit Freunden in einer Band bei Partys auf, kennt alle James-Bond-Filme in- und auswendig, kümmert sich um das Schulaquarium in der Mensa, hat ein Praktikum bei einem Versandhandel für Tierfutter absolviert, Lieblingsfächer: Informatik und Musik, dreimonatiger Auslandsaufenthalt in Namibia

Carina	Anforderungen	Matthias
	Verantwortungsbewusstsein	
	Belastbarkeit	
	Teamfähigkeit	

6 Lies den folgenden Auszug aus einer Bewerbung für einen Fantasieberuf.

a Kreuze an, welcher Textteil eines Bewerbungsschreibens hier ausformuliert ist (→ Merkwissen S. 11).

☐ **A** Einleitung ☐ **B** Hauptteil ☐ **C** Schluss

Die Ausbildung zur Sitzbezugmustertesterin ist eine sinnvolle Fortführung meiner mehrjährigen Mitarbeit im Strickclub der Schule. Dort habe ich gelernt, die Qualität des Materials sowie die Wirkung von Mustern sicher zu beurteilen. Außerdem zeigen meine hervorragenden Leistungen im Fach Kunst sehr gute Kenntnisse in Fragen der Gestaltung. Meine vielfältigen Erfahrungen mit Polsterbezügen als Kinogängerin hoffe ich in die Ausbildung einbringen zu können.

b Unterstreiche Formulierungen, die für eine ernsthafte Bewerbung geeignet sind.

●●● **7** Erkläre für Carina oder für Matthias, welche besonderen Fähigkeiten und Erfahrungen sie oder ihn für die Ausbildung zum Fahrdienstleiter (→ S. 12, Aufgabe 3) empfehlen. Du kannst auf die unterstrichenen Formulierungen von Aufgabe 6 b zurückgreifen, aber auch frei formulieren. Schreibe ins Heft.

8 Vervollständige den Briefkopf des Bewerbungsschreibens mit den fehlenden Angaben.

Carina Klöcker
Alaunstr. 70
01099 Dresden
Tel.: 0351/12 34 56
Mail: carina.kloecker@gmx.de

____

Bereich Personal

Herrn ________________

Postfach 12 32 05
92421 Schwandorf

Bewerbung um ________________

Tipp Bei Firmenbezeichnung und Namen musst du sehr genau auf die Schreibweise achten.

9 Gib zusammenhängend Auskunft über deine persönliche schulische Situation.

Tipp Ein Bewerbungsschreiben für einen Ausbildungsplatz muss über die **schulische Situation** informieren: vollständige Bezeichnung der Schule (keine Kurzform), Klassenstufe, Zeitpunkt und Art des angestrebten Abschlusses.

10 Es ist wichtig, die Wahl eines Berufs oder eines Ausbildungsplatzes überzeugend zu begründen.

a Verbinde die Berufe in der linken Spalte mit überzeugenden Begründungen in der rechten Spalte.

Laborantin	Zusammenarbeit mit Kindern
Möbeldesigner	Umgang mit Materialien für Möbelbau
Tierärztin	mit Tieren aufgewachsen
Deutschlehrer	Freude am Experimentieren
	Interesse an Biologie
	Interesse an Chemie
	Spaß am Zeichnen
	Freude am Umgang mit Texten

b Lies Matthias' Begründung für die Bewerbung und markiere unangemessene Formulierungen.

Das Interesse an der Tätigkeit als Fahrdienstleiter ist während meines Praktikums geweckt worden. Das Verschicken von Hundefutter war öde, aber durch Einblicke in den Vertrieb wurde ich auf das Berufsfeld der Transportlogistik aufmerksam. Bei der Schach-AG und im Informatikunterricht finde ich es voll gut, komplizierte Systeme zu verstehen und zu gestalten. Züge im Stellwerk zu dirigieren, wäre bestimmt genau mein Ding.

c Verbessere seine Begründung und schreibe sie neu in dein Heft.

Merkwissen Einen Lebenslauf verfassen

Der Lebenslauf wird in **tabellarischer Form** verfasst und übersichtlich (mit Zwischenüberschriften) gegliedert. Er schließt mit Ort, Datum und Unterschrift. Ein Bewerbungsfoto (vom Fotografen) in angemessener Kleidung ist üblich. Achte darauf, dass der Lebenslauf fehlerfrei und aktuell ist.

11 Links siehst du das Muster eines Lebenslaufs. Vergleiche damit Carinas Lebenslauf rechts und markiere darin alle Fehler.

Mustertext

Lebenslauf

Persönliche Daten

Name:	Eva Groten
Adresse:	Husumer Str. 12, 19057 Schwerin
Telefon:	0385/78...
E-Mail:	e-groten@schwerin.de
Geburtsdatum:	11.04.2002
Geburtsort:	Güstrow

Schulbildung

vorauss. 07/2017	Abschluss: Fachoberschulreife
ab 08/2012	Erich-Kästner-Gymnasium, Schwerin
08/2008–07/2012	Gemeinschaftsgrundschule Uferweg

Praktische Erfahrungen

04/2016	Schülerpraktikum: Flughafen Rostock-Laage, Aufgaben: Einsatz am Informationsschalter
06/2015	Schüleraustausch GB
seit 03/2012	Freiwillige Feuerwehr Schwerin-Wüstmark

Besondere Kenntnisse und Interessen

Computerkenntnisse	MS-Office (gute Grundkenntnisse)
Sprachkenntnisse	Englisch (sehr gut in Wort und Schrift) Französisch (gute Grundkenntnisse)
Persönliche Interessen	Reisen und Zumba

Schwerin, 13. Mai 2015

Eva Groten

VORSICHT, FEHLER!

Lebenslauf

Persönliche Daten

Name: C. Klöcker

Adrese: Alaunstraße, 01099 Dresden

Geburtsdatum: März 2002

Schulbildung

Schulabschluss: Mittlerer Schulabschluss 07/2017

Weiterführende Schule: Gymnasium Dresden, ab 08/2012

Grundschule: EGS Luther, 08/2008 bis Juli 2012

Praktische Erfahrungen

Betreuerin F-Jugendmannschaft (Fußball), ab 04/2015

Schulpraktikum, März 2016

Englisch (sehr gut); MS-Office (gut)
Französisch (gut), Ausbildung
Schulsanitätsdienst,
Schiedsrichterlehrgang

Persönliche Intressen

Fußball, Kochen, Sherlock-Filme, Shoppen

Dresden, 13. Mai 2015

12 Schreibe Carinas Lebenslauf mit dem Computer korrekt auf.

13 Kreuze die beiden ungeeigneten Bewerbungsfotos an und begründe deine Wahl rechts stichwortartig.

A

B

C

____

____

____

____

Eine Praktikumsmappe erstellen

Merkwissen Aufbau einer Praktikumsmappe

Eine Praktikumsmappe informiert über die Kenntnisse und Erfahrungen, die du während eines Praktikums gesammelt hast. In der Einleitung nennst du die **Gründe für die Wahl** des Praktikums und deine **Erwartungen** daran. Anschließend
- stellst du den **Beruf** vor (Berufsbezeichnung, Berufsbild/Tätigkeiten, Ausbildung, Zukunftsaussichten),
- beschreibst du den **Praktikumsbetrieb** (Name, Branche, Produkte/Dienstleistungen, Größe des Betriebs/ Anzahl der Mitarbeiter, Abteilungen, Kunden) und gehst auf seine Geschichte ein,
- beschreibst du den **Arbeitsplatz** (evtl. mit Skizze, Foto), informierst über besondere Vorschriften (z. B. Unfallschutz) und die auszuführenden **Tätigkeiten** (ggf. mit Beispielen),
- fügst du einen **Tagesbericht** (→ S. 18) bei,
- bewertest du das Praktikum zusammenfassend (**Reflexion:** Wurden deine Erwartungen erfüllt?).

Schreibe sachlich, verwende Fachbegriffe und achte auf Verständlichkeit. Konzentriere dich bei der Darstellung auf deine berufliche Tätigkeit.

1 a Lies die Auszüge aus einer Praktikumsmappe. Für welchen Ausbildungsberuf oder für welches Studium ist dieses Praktikum eine gute Vorbereitung?

____

b Ordne zu, welches Material zu welchem Bestandteil aus dem Merkwissen gehört, und schreibe die passende Überschrift über den jeweiligen Text.

Mustertext

A = *Tagesbericht*

Der Arbeitstag begann um 8.30 Uhr. Der Laborant ging mit mir die Testergebnisse vom Vortag durch. Anschließend erläuterte er, welche Untersuchung als nächste anstand und baute die Versuchsanordnung auf. Ich unterstützte ihn dabei, indem ich die benötigten Proben bereitstellte. Dabei verwendete ich reißfeste Handschuhe, um den Arbeits- und Gesundheitsschutz einzuhalten. Während der Analyse fertigte ich ein Protokoll an und dokumentierte den Versuchsablauf. Dazu trug ich Messdaten in ein Formular ein.

B = ______________________

Als Chemielaborant führt man chemische Untersuchungen und Versuchsreihen durch, um Stoffe zu analysieren oder chemische Substanzen herzustellen. Die Arbeit im Labor erfolgt für verschiedene Industriezweige wie Pharmazie, Kosmetik, Farben- und Lack- oder Lebensmittelindustrie. Die Chancen, nach dreieinhalbjähriger Ausbildung eine Beschäftigung zu finden, sind sehr gut. Außerdem kann man sich in diesem Beruf weiterqualifizieren.

C = ______________________

Ich interessiere mich für Physik und Chemie und möchte später in diesem Bereich entweder eine Ausbildung machen oder studieren. Von einem Praktikum in einem großen Labor erhoffe ich mir Einblicke in unterschiedliche Tätigkeiten.

D = ______________________

Im Labor gelten strenge Sicherheitsbestimmungen. In Regalen und Schränken sind Arbeitsmittel wie Flaschen, Glaskolben, Pipetten etc. gut sortiert. An speziellen Arbeitstischen, die z. T. über Wasseranschlüsse verfügen, führen die Laboranten Experimente durch.

E = ______________________________

Im Praktikum wurden meine Erwartungen übertroffen. Ich wurde vom ersten Tag an in die Labortätigkeiten eingebunden und durfte praktisch mitarbeiten. Geholfen haben mir meine Kenntnisse über die chemischen Elemente und physikalischen Vorgänge. Beim Protokollieren muss ich jedoch noch sorgfältiger werden.

F = ______________________________

Aurubis ist ein Konzern, der diverse Produkte aus Kupfer produziert und recycelt. Zu den Kunden gehören u. a. Unternehmen der Elektro- und Automobilindustrie. Es gibt mehrere Standorte in Europa und den USA mit rund 6.500 Mitarbeitern. Die Geschichte des Unternehmens reicht bis ins 18. Jahrhundert zurück.

2 Wähle ein Material aus und ergänze in deinem Heft weitere Angaben, die du recherchierst oder dir ausdenkst.

Über den Arbeitsplatz und die Tätigkeit(en) informieren

Sophia hat ein Praktikum in einem Ingenieurbüro für Vermessung und Kartografie absolviert und dort ihre beiden wichtigsten Arbeitsplätze fotografiert.

3 Sieh dir die Fotos genau an: Was wird hier gemacht? Verbinde jedes der Fotos links mit den dazu passenden Tätigkeiten rechts. Ziehe Linien.

A

B

1 technische Geräte bedienen und überwachen
2 Material von Hand be- oder verarbeiten
3 etwas zusammenbauen oder reparieren
4 etwas untersuchen, messen, kontrollieren
5 etwas zeichnen, berechnen, entwerfen
6 etwas dokumentieren und archivieren
7 Pläne und Vorgaben lesen und verwalten
8 etwas entwerfen oder gestalten
9 Waren verkaufen
10 Menschen betreuen und versorgen

4 Notiere für beide Arbeitsplätze stichwortartig Unterschiede in den Rahmenbedingungen.

Rahmenbedingungen	Foto A	Foto B
Arbeitsumgebung		
Kleidung		
Anforderungen		

Einen Tagesbericht verfassen

Merkwissen Schreibplan für einen Tagesbericht

Der Tagesbericht informiert **sachlich** und in **chronologischer Reihenfolge** über die Tätigkeiten, die du an einem Praktikumstag ausgeführt hast. Ein Tagesbericht wird im Präteritum verfasst und beantwortet die **W-Fragen**.
- Fasse im Einleitungssatz knapp zusammen, welche/n **Arbeitsschwerpunkt/e** der beschriebene Tag hatte.
- Verwende **Fachbegriffe** und erkläre diese, wenn nötig.
- Wechsle die Satzanfänge ab und verdeutliche die **Reihenfolge der Ereignisse** (z. B.: *zuerst, danach*).
- Verbinde Sätze durch treffende **Verknüpfungswörter** (z. B.: *weil, obwohl*).

1 a Sophia hat sich zu ihrem Praktikumstag im Ingenieurbüro Notizen gemacht. Unterstreiche die Informationen, die sie in ihrem Tagesbericht verwenden sollte. Markiere Fachbegriffe, die darin erklärt werden müssen.
b Formuliere unten den Einleitungssatz aus.

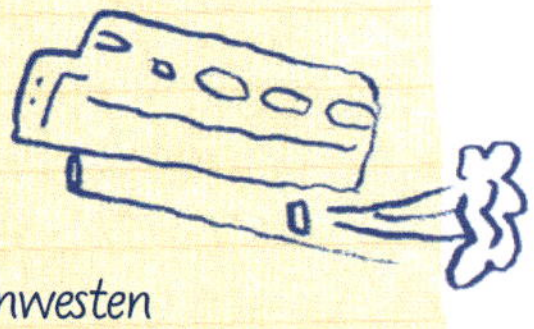

9:30 Uhr: *Bus verspätet, ich muss total rennen, um pünktlich zu sein*
9:45 Uhr: *gerade Computer hochgefahren*
10:00 Uhr: *→ soll nach draußen mit Herrn Schmidt (Vermessungsingenieur)*
10:30 Uhr: *ins Auto geladen: Tachymeter, GPS-Gerät, Protokollblock, Absperrband, Warnwesten*
11:00 Uhr: *Los geht's. Der fährt so schnell!*
vor Ort, Weste an, Geräte vorbereiten, Gelände uneben, mühsam zu justieren
Schmidt redet viel, dabei hat er alles schon gestern erklärt
heute zum ersten Mal allein am Tachymeter, kalte Finger!
süßer Hund verheddert sich in Tachymeter-Beinen, Schmidt kennt Frauchen
Baustellenautos stören wiederholt, wir sperren ab mit Band

Tagesbericht für Dienstag, den ______________________________

____

____

____

2 Im folgenden Auszug aus Sophias Notizen sind drei Namen unterlegt. Notiere neben jedem Namen den Buchstaben der richtigen Funktionsbezeichnung.

Tipp In einer Praktikumsmappe empfiehlt es sich, die Personen nur mit **Funktionsbezeichnungen** zu nennen, z. B.: *mein Praktikumsbetreuer* statt *Peter S.* oder *Herr Schmidt*.

☐ **A** Büroleiterin ☐ **B** Kundin/Auftraggeberin ☐ **C** Praktikumsbetreuer

13:30 Uhr: Letzte Vorbereitungen für Termin mit Frau Falke (________): holt heute interaktive Karte ab, die sie für Touristen-Infobüro in Auftrag gegeben hat
Herbert (________) (betreut mich jetzt seit Do) testet, ob Programm startet, ich plotte Infobroschüre in Din A3 aus
Frau Groß (________) kommt vorbei, will Infos zum Auftrag für die Rechnung, beeindruckend, wie gut sie über alles auf dem Laufenden ist, obwohl sie das ganze Büro leitet
14:00 Uhr: Frau Falke ist sehr zufrieden mit unserer Präsentation und dem Programm

3 Verbinde je zwei Sätze zu einem Satzgefüge. Verwende dabei die vorgegebenen Verknüpfungsarten und achte auf das richtige Tempus für einen Tagesbericht.
Tipp: Vorvergangenes steht im Plusquamperfekt.

Tipp Durch **treffende Verknüpfungswörter** kannst du die logischen Zusammenhänge deutlicher machen.

A 14:30 Uhr: Ich gebe die heute Morgen gemessenen Daten in den Computer ein. Das Programm kann die Daten der alten Karte mit den aktuellen Ergebnissen vergleichen. — final

B Mein Praktikumsbetreuer überprüft die Eingaben. Als Praktikantin soll ich keine Verantwortung tragen. — kausal

C Der Übertrag der Daten in das 3D-Programm gelingt mir. Ich habe eine Mitarbeiterin um Hilfe gebeten. — temporal

D 15:00 Uhr: Der Leiter des Ingenieurbüros bittet mich, zwischendurch einem Kunden einen Vorschlag für eine 3D-Karte zu unterbreiten. Der Kunde will eine normale Karte beauftragen. — konzessiv

4 Dieser Abschnitt aus Sophias Tagesbericht muss noch überarbeitet werden.
a Streiche Gefühle und persönliche Wertungen durch.
b Markiere umgangssprachliche Wendungen grün und notiere Formulierungen in angemessener Sprache am Rand.
c Verfasse im Heft eine korrekte Fassung. Achte dabei auch auf das richtige Tempus.

Jeden Dienstag um 16:30 Uhr gibt's hier eine Teamsitzung im Besprechungsraum. Ich konnte nicht glauben, was da an Kaffee weggehauen wurde. Heute war der Projektleiter auf Kundengespräch, deshalb hat mein Betreuer versucht, das Gerede halbwegs sinnvoll zu strukturieren. Es ging drum, ob es ein bestimmtes neues Computerprogramm für das Team bringt. Zwei Mitarbeiter fahren total darauf ab, zwei andere hatten, glaube ich, keine Ahnung, worum es überhaupt geht, und eine konnte nichts an dem neuen Programm finden. Entschieden wurde nichts, weil der Projektleiter fehlte. Ich habe mich, ehrlich gesagt, gefragt, warum sie sich dann überhaupt getroffen haben. Danach wurde bis Dienstschluss um 17:00 Uhr noch über den normalen Kram der Woche gesprochen, wer was machen muss und so …

stattfinden

5 Schreibe einen vollständigen Tagesbericht über Sophias Praktikumstag in dein Heft.

Eine kritische Beurteilung (Reflexion) ausformulieren

1 Nicht alle der folgenden Fragen gehören in eine kritische Beurteilung der Praktikumserfahrungen. Streiche ungeeignete Fragen durch.

Tipp Füge am Schluss deiner Praktikumsmappe eine Reflexion ein. Werte die Arbeitssituation und deine persönlichen Erfahrungen in dieser Situation kritisch aus: Was ist gelungen? Was nicht?

A In welchem Bereich musste ich meine Erwartungen an das Berufsfeld weitgehend ändern?

B Was war meine wichtigste Erfahrung während des Praktikums?

C Waren meine Eltern mit dem Praktikum zufrieden?

D Welche Tätigkeiten habe ich schnell gelernt? Welche haben mir zu viel abverlangt?

E Worüber hätte ich im Praktikum gerne mehr erfahren?

F Wie war der Austausch mit meinen Mitschülern während des Praktikums?

G Ist es mir schwergefallen, zur Arbeit statt in die Schule zu gehen?

H Wie sah meine Verpflegung während des Praktikums aus?

I Hat sich mein Berufswunsch durch das Praktikum bestätigt oder verändert?

J War die Vorbereitung bzw. Betreuung des Praktikums durch die Schule hilfreich?

2 Notiere zu jedem Gliederungspunkt die Buchstaben der dazu passenden Fragen aus Aufgabe 1.

1 Wichtige persönliche Erfahrungen (Was habe ich gelernt?): ____________________

2 Persönliche Auswertung (Wurden meine Erwartungen erfüllt?): ____________________

3 Kritik/Verbesserungsvorschläge (Was ist gut/weniger gut gelaufen?): ____________________

4 Auswirkungen auf Ausbildungsziel (Könnte ich mir vorstellen, in diesem Beruf zu arbeiten?): ____________________

3 Verfasse im Heft eine Reflexion für Sophias Praktikumsmappe. Lies zuerst den folgenden Dialog und unterstreiche alle für die Auswertung sinnvollen Aussagen. Achte beim Schreiben auf eine sachliche Sprache.

Tipp Achte auch in der kritischen Beurteilung auf **genaue und angemessene Formulierungen**, also z. B. nicht „Das Praktikum war echt locker.", sondern: „Ich konnte meine Aufgaben in der verfügbaren Zeit gut bewältigen."

Jan: Hallo, Sophia, wie war dein Praktikum?

Sophia: Hi, insgesamt voll gut. Mein Betreuer war supernett, und auch die anderen Mitarbeiter waren echt lässig. Ich hatte immer was zu tun und konnte alles fragen, was mir unklar war.

Jan: Super. Ja, das war bei mir auch so. Nur die ersten paar Tage war ich total gestresst. Der einzige Jugendliche zu sein, fiel mir echt schwer. In der Schule hänge ich halt immer mit meinen Freunden zusammen. Aber dann haben mich vor allem die verschiedenen Datenverarbeitungsprogramme mega fasziniert.

Sophia: Ja, mich auch. Obwohl ich auch gemerkt habe, dass ich in Mathe ziemliche Lücken habe. Und insgesamt war mir vor meinem Praktikum nicht klar, wie viel Technikwissen man als Geomatikerin so braucht. Ich hatte nur überlegt, dass man da viel draußen ist. Stimmt ja auch! Gelernt habe ich, wie man mit Kunden spricht. Das hat mir Spaß gemacht.

Jan: Spannend. Das habe ich leider gar nicht mitbekommen. Ich war nur am Computer oder draußen bei den Vermessungen. Aber ich weiß jetzt jedenfalls, dass der Job was für mich wäre.

Sophia: Da bin ich mir noch nicht so sicher. Ich mach vielleicht noch ganz woanders ein Praktikum.

Argumentieren

Eine Pro-und-Kontra-Erörterung verfassen

Merkwissen Argumentieren: These, Argument, Beispiel

In einer Erörterung stellst du argumentativ deine Position zu einer **Streitfrage** dar, z. B.: *Soll in der Schulmensa Fastfood angeboten werden?* Bist du **dafür (pro)** oder **dagegen (kontra)**? Formuliere dazu eine These und stütze diese durch überzeugende Argumente (Begründungen) und Beispiele, z. B.:

- **These** (Behauptung, Wunsch, Forderung): *Fastfood darf in Schulen keinesfalls angeboten werden, …*
- **Argument:** … *weil es der Gesundheit Heranwachsender in besonderer Weise schadet.*
- **Beispiel:** *Pommes frites beispielsweise enthalten viel zu viel schädliches Fett und fördern Übergewicht.*
  Überzeugende Beispiele sind eigene Erfahrungen; Erläuterungen, warum etwas sinnvoll ist oder nicht; Belege (z. B. aus Statistiken) oder Zitate (z. B. von Experten).

1 Lies die folgende Pro-und-Kontra-Erörterung.

Mustertext

Rot, gelb, grün – was nützt eine Lebensmittelampel?

Einleitung

Industrie und Verbraucherverbände streiten seit Jahren darüber, wie Nährwertangaben auf Lebensmittelverpackungen abgebildet werden müssen. Gesundheitsorganisationen fordern eine Ampel, die gleich auf den ersten Blick erkennen lässt, wie viel Zucker, Salz oder Fett das Produkt enthält: Rot bedeutet einen hohen Anteil, Gelb einen mittleren, Grün einen geringen. Die Lebensmittelwirtschaft hingegen lehnt eine Ampel kategorisch ab. Aus meiner Sicht als Verbraucherin ist die Ampel tatsächlich irreführend und im Alltag nicht praktikabel.

Hauptteil

Befürworter loben zwar, dass man beim Einkaufen auf Anhieb erkennt, ob ein Produkt zu viel Zucker oder Fett enthält. Das bedeutet jedoch nicht, dass ich bei einem grün gekennzeichneten, fettarmen Produkt etwas Gesundes einkaufe. Denn hat dieses Produkt gleichzeitig einen roten Punkt für sehr zuckerreich, bin ich nicht schlauer als vorher und muss trotzdem die klein gedruckten Nährwertangaben lesen.

Die behauptete Vereinfachung bedeutet gleichzeitig eine Reduktion der Kennzeichnungspflicht auf wenige Bestandteile und ist wissenschaftlich umstritten. Entscheidend ist nicht nur der reine Zucker-, Fett- und Salzanteil, Ernährung ist viel komplexer. So hat beispielsweise eine Diätcola vorbildlich grüne Punkte für einen geringen Zuckeranteil, aber auch eine umfangreiche Liste künstlicher Zusatzstoffe. Und ein hochwertiges Olivenöl, das von Natur aus einen hohen Fettgehalt hat, aber eben auch gesunde Fettsäuren enthält, soll mit einem roten Punkt gebrandmarkt werden?

Unbestritten gibt es auch positive Aspekte. So wurden in englischen Supermärkten nach Einführung der Ampel mehrere, überwiegend mit roten Punkten gekennzeichnete Fertiggerichte seltener gekauft. Dennoch ist das Argument, dass die Ampel den Verbraucher langfristig zum gesünderen Einkaufen erzieht, aus meiner Sicht Wunschdenken. Denn dass Cola oder Schokoriegel viel Zucker enthalten, weiß heutzutage jedes Kind. Wer aber gern Cola trinkt, der lässt sich auch nicht von einem roten Punkt davon abhalten, wie niederländische Wissenschaftler in einer Studie nachgewiesen haben.

Hinzu kommt, dass ab und an ein Stück Schokolade nicht schlimm ist, da möchte ich mir von einer roten Ampel nicht den Genuss durch ein schlechtes Gewissen verderben lassen.

Schluss

Abschließend bleibt festzustellen, dass die Lebensmittelampel trotz guter Absicht und einiger Erfolge nicht hinreichend durchdacht und wissenschaftlich abgesichert ist. Zukünftig könnte jedoch verstärkt an Maßnahmen gearbeitet werden, um die Verbraucher vom Kauf ungesunder Fertigprodukte abzuhalten.

2 Formuliere mit eigenen Worten die Streitfrage und die aufgestellte These.

Streitfrage: ______________________________

These: ______________________________

3 Untersuche die Anordnung der Pro- und Kontra-Argumente (→ Merkwissen S. 24).

a Kreuze an, welches Ordnungsprinzip hier verwendet wird.

☐ Sanduhr-Prinzip ☐ Ping-Pong-Prinzip

b Begründe deine Entscheidung, indem du die Argumente stichwortartig nach dem verwendeten Prinzip in deinem Heft anordnest.

Bewusst ernähren: Fastfood oder lieber kein Fastfood?

4 Lies die folgenden Kommentare aus einem Internet-Forum für Schüler/-innen, die sich auf die in der Überschrift genannte Streitfrage beziehen.

17.03.2015

Hipper Lifestyle oder Risiko für die Gesundheit?

Habt ihr das auch schon einmal bemerkt? Wo man geht und steht: Fastfood-Angebote. Vor dem Kaufhaus steht eine Bude mit Currywurst, Kebab gibt's an jeder Ecke und auch im Fernsehen flimmert ständig Fastfood-Werbung. Natürlich habe ich auch schon Fastfood gegessen! Manche meiner Freunde sagen, Fastfood schade nicht nur der Gesundheit, sondern auch der Umwelt. Andere behaupten, dass sie sich gern davon ernähren und mindestens einmal pro Woche in einem Fastfood-Restaurant essen gehen. Also, was nun? Soll man auf Fastfood verzichten oder nicht? Eingestellt von **MaX_1** um 19:15 Uhr

Kommentar schreiben

Milli (17.03.2015, 19:17 Uhr) ☐ pro ☐ kontra

Ich finde Fastfood gut, weil es uns Schülern, aber auch Berufstätigen, die Möglichkeit gibt, in einer kurzen Mittagspause zu essen. In unserer schnelllebigen Welt haben viele doch kaum noch Zeit fürs Essen. Dann doch lieber Fastfood als nichts. Außerdem gilt: Geht schnell und kostet wenig!

Fast-NoGo 17.03.2015, 19:40 Uhr ☐ pro ☐ kontra

Ich halte Fastfood für gefährlich, weil es ungesund und oft von schlechter Qualität ist. Es ist einfach nicht dasselbe wie frische Lebensmittel, die mit Sorgfalt zubereitet wurden. Ich habe z. B. die Erfahrung gemacht, dass ich mich nach dem Essen von Fastfood oft nicht gut fühle und schnell wieder Hunger bekomme. Wissenschaftliche Studien der Universität Ulm bestätigen dies: Fastfood liefert kaum wertvolle Nährstoffe und kann gerade bei Heranwachsenden Allergien auslösen.

Maria 17.03.2015, 20:01 Uhr ☐ pro ☐ kontra

Ich bin froh, dass es Fastfood gibt. Die unterschiedlichen Angebote bei den verschiedenen Ketten ermöglichen mir abwechslungsreiche Mittagessen. Ich genieße es aber trotzdem in Maßen, dann ist es nicht wirklich ungesund. Der bekannte Ernährungswissenschaftler Udo Pollmer hat in mehreren Zeitungsinterviews hervorgehoben, dass Fastfood-Esser nicht dicker oder kränker seien als andere.

Heinzelmann 17.03.2015, 20:14 Uhr ☐ pro ☐ kontra

Ich lehne Fastfood ab, denn es zerstört die Esskultur. Messer und Gabel, eine ordentliche Serviette, eine Tischdecke, Zeit und Gespräche gehören doch auch zu einem schönen Essen dazu. Bei uns setzt man sich gemeinsam mit der Familie oder im Freundeskreis an den Esstisch. Wir reden über den Tag, über aktuelle Ereignisse und haben einfach mal Zeit füreinander. Für Fastfood setzt man sich ja kaum mal hin. Man isst häufig im Stehen, schnell und allein. Außerdem produziert man Unmengen von Müll.

MaX_1 17.03.2015, 20:36 Uhr ☐ pro ☐ kontra

@ Heinzelmann: Das sehe ich aber ganz anders. Wir verabreden uns gern in Fastfood-Restaurants. Da trifft man oft die halbe Klasse. In ungezwungener Atmosphäre können wir dort quatschen, solange wir wollen. Außerdem sind da auch viele Familien mit Kindern. Natürlich muss man das Zeug, das dort angeboten wird, nicht andauernd essen. Wie überall gilt auch hier: In Maßen genießen.

5 a Markiere in den Kommentaren Thesen orange, Argumente grün und Beispiele/Belege blau.
b Kreuze für jeden Kommentar den Standpunkt an: Argumentiert er pro oder kontra Fastfood?

6 Nutze die folgende Übersicht zur Stoffsammlung.
Trage deinen Standpunkt ein und notiere dazu passend in der linken Spalte drei Pro- und in der rechten Spalte drei Kontra-Argumente.

Mein Standpunkt: *Ich bin für/gegen* ______________________

Pro-Argumente	**Kontra-Argumente**
▪ ______________	▪ ______________
▪ ______________	▪ ______________
▪ ______________	▪ ______________

7 a Notiere zu jeder Art von Beispiel Zeilenangaben für einen passenden Textbeleg aus den Kommentaren von Aufgabe 4.

A eigene Erfahrung: *Z.* ______________________

B nachvollziehbare Erläuterung, warum etwas sinnvoll ist oder nicht: ______________________

C Beleg (z. B. Zeitung): ______________________

D Ansicht von Experten: ______________________

b Verknüpfe jedes Beispiel sprachlich so mit einem Argument von Aufgabe 6, dass es überzeugend wirkt. Nutze die angebotenen Formulierungen als Anregungen und schreibe ins Heft.

Dies zeigt/belegt eine Aussage von … | Jeder von uns hat sicher auch schon einmal erlebt, dass … | Dies zeigt/beweist (sich) zum Beispiel (an) … | Unterstützend lässt sich … heranziehen, … | Nicht zuletzt bestätigt/beweist … | beispielsweise | Erst neulich las ich in …, | …, wie eine Studie von … darlegt

Merkwissen Schreibplan: Eine Pro-und-Kontra-Erörterung verfassen

Aufbau

- Nenne in der **Einleitung** den Anlass deiner Stellungnahme oder wecke Interesse für das Thema, z. B.:
  Mit Interesse habe ich …; Im Forum wird die spannende Frage diskutiert, ob …
  Leite anschließend zum Hauptteil über, indem du auf die Streitfrage eingehst, z. B.:
  Im Folgenden möchte ich das Für und Wider … darlegen; Deshalb stellt sich die Frage …; Im Folgenden möchte ich die Vor- und Nachteile …; Es lohnt sich, darüber nachzudenken, was für und was gegen …
- Führe im **Hauptteil** der Erörterung Pro- und Kontra-Argumente (inklusive Beispiele/Belege) an und ziehe abschließend ein Fazit, in dem du deinen Standpunkt deutlich darlegst. Die Argumente können unterschiedlich angeordnet werden:

1 Pro und Kontra in Blöcken
Hier werden die Pro- und Kontra-Argumente (und Beispiele) blockweise gegenübergestellt: zuerst die der Gegenposition, dann die der eigenen Position. Das überzeugendste Argument steht am Schluss.

2 Fortlaufender Pro-und-Kontra-Aufbau
Hier führst du Argumente (und Beispiele) für und gegen deinen Standpunkt im laufenden Wechsel an. Die Gegenargumente kannst du sofort entkräften. Du kannst aber auch vor einem Wechsel mehrere Pro- oder Kontra-Argumente aufeinander folgen lassen.

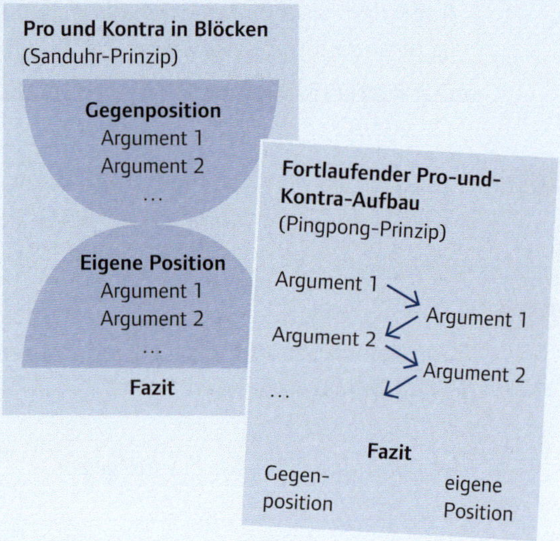

- Runde am **Schluss** das Thema mit einem weiterführenden Gedanken ab (z. B.: Wunsch, Vorschlag oder Empfehlung). Der Schluss darf keine neuen Argumente enthalten.

8 Boris und Lena möchten MaX_1 antworten, sie haben bereits Einleitungen verfasst.
a Kreuze die Einleitung an, die nicht gelungen ist.
b Streiche in der Begründung unten Unpassendes.
c Formuliere für die gelungene Einleitung eine Überleitung zum Hauptteil der Erörterung.

☐ **Boris**: MaX_1 hat zweifelsfrei Recht, wenn er im Internetforum darauf hinweist, dass es an jeder Ecke eine Currywurst, Döner oder einen Burger zu kaufen gibt. Ich mag beides nicht, liebe aber Pommes frites. Ich finde, davon kann es gar nicht genug geben. Jeder Widerspruch ist zwecklos!

☐ **Lena**: Die Beobachtung, die MaX_1 im Internetforum beschreibt, kann ich bestätigen. Burger, Döner oder Pommes gibt es auch hier bei uns an fast jeder Straßenecke. Nicht selten ist dieses Angebot sehr willkommen. Aber man liest oder hört auch oft, dass Fastfood nicht gesund sei. Das schafft tatsächlich Verunsicherung.

Begründung: Die Einleitung von Boris / Lena ist nicht gelungen. Sie geht zwar auf den Sinn / Anlass des Kommentars ein, weckt aber gar kein Interesse daran, über die Vor- und Nachteile / den Nährstoffgehalt des Konsums von Fastfood nachzudenken. Außerdem leitet sie keine / eine Stellungnahme ein, weil sie lediglich eine begründete / unbegründete Behauptung aufstellt.

Überleitung zum Hauptteil:

9 Nutze die Stoffsammlung zur Streitfrage „Soll man Fastfood essen?“ von Aufgabe 6 (→ S. 23) und arbeite dazu im Heft eine Gliederung mit fortlaufendem Pro-und-Kontra-Aufbau aus.
Nenne zwei überzeugende Argumente (Beispiele) für den Verzehr von Fastfood und entkräfte zwei Gegenargumente (Beispiele).

10 In dem folgenden Ausschnitt aus dem Hauptteil einer Erörterung fehlen sinnvolle Verknüpfungen.
Überarbeite den Textauszug, indem du die angebotenen Formulierungen verwendest.
Du musst den Text dafür umformulieren. Schreibe die verbesserte Fassung ins Heft.

Diesem unbestrittenen Vorteil lassen sich deutliche Nachteile gegenüberstellen: … | weil | Als Beleg lässt sich anführen, dass … | denn | Untersuchungen … zeigen zweifelsfrei, dass …

Befürworter wissen einen schnellen Happen zwischendurch zu schätzen. Es sind oft Menschen, die wenig Zeit haben.
Die vielen Fastfood-Ketten und Schnellimbisse sind immer sehr gut besucht. Man bekommt dort rasch eine Mahlzeit.
Gegner warnen vor dem Genuss von Fastfood. Sie weisen darauf hin, dass es oft keine gute Qualität habe.
Wissenschaftliche Studien der Universität Ulm belegen den geringen Gehalt an wertvollen Nährstoffen.

11 Formuliere ein Fazit, das deinen Standpunkt zum Ausdruck bringt.
Verwende das folgende Formulierungsbeispiel:

Obwohl …, finde ich es dennoch sinnvoll / bin ich dennoch der Meinung, …, denn …

12 Schreibe einen Schluss. Verwende dafür eines der angebotenen Formulierungsbeispiele.

Wenn ich die Argumente für und gegen den Konsum von Fastfood abwäge, dann komme ich zu dem Schluss, … | Sicherlich kann man einwenden, … Jedoch darf man nicht übersehen, … | Ein sinnvoller Kompromiss könnte sein, …

____

____

____

13 Schreibe einen vollständigen Kommentar für das Internetforum (→ S. 22 f.), der auf die Vor- und Nachteile des Konsums von Fastfood eingeht. Erörtere den Standpunkt, den du für die Gliederung bei Aufgabe 6 auf S. 23 festgelegt hast. Schreibe in dein Heft, die folgenden Formulierungen helfen dir dabei:

Ein Argument für/gegen … | Ein weiterer Gesichtspunkt … | Hinzu kommt … | Dafür/Dagegen spricht … | Untersuchungen/Umfrageergebnisse zeigen … | Als Beispiel/Beleg lässt sich anführen, dass … | Dies bedeutet … | Viele meinen zwar, …, aber aus meiner Sicht … | Es ist zwar nachvollziehbar, wenn … Aber viel entscheidender ist doch … | Den positiven/negativen Aspekten (Vorteilen/Nachteilen) stehen jedoch eine ganze Reihe … gegenüber … | Obwohl das angeführte Argument deutlich zeigt, dass …, gibt es ebenso gute Gründe für …

14 Verfasse im Heft eine vollständige Pro-und-Kontra-Erörterung, die in Blöcken gegliedert ist (Sanduhr-Prinzip).

Eine lineare Erörterung verfassen

Merkwissen Eine lineare Erörterung verfassen

In der **linearen Erörterung** geht es nicht um die Gegenüberstellung von Pro- und Kontra-Argumenten, sondern um die **überzeugende Begründung eines Standpunktes**. Gegenargumente werden nur am Rande eingebracht, um mögliche Bedenken auszuräumen.
Einleitung: Interesse für das Thema wecken (z. B. Aktualität/Bedeutsamkeit der Problematik zeigen)
Hauptteil:
- These formulieren und mit **mehreren Argumenten** begründen, die nach dem Prinzip der **Steigerung** angeordnet sind (das stärkste Argument steht am Schluss der Argumentationskette)
- Argumente durch geeignete Beispiele/Belege stützen, am Ende der Argumentation ein **Fazit** ziehen

Schluss: Stellung beziehen oder Ausblick auf zukünftige Entwicklungen geben

1 Lies die folgende lineare Erörterung. Formuliere das Thema in einem Satz.

Mustertext

Bewusst essen – mit regionalen und saisonalen Produkten

Einleitung

Weintrauben im Januar? Äpfel vom anderen Ende der Welt? Die Globalisierung der Märkte macht es möglich. Aber wie schmecken diese weit gereisten Lebensmittel? Sind sie gesund? Wie ökologisch sind ihr Anbau und Transport? Diese Fragen beschäftigen Umweltverbände in zunehmendem Maße.

Hauptteil

So viel ist zunächst sicher: Regionale und saisonale Produkte fördern nicht nur die einheimische Wirtschaft, sondern sie schonen auch den Geldbeutel. Denn so verlockend Erdbeeren zu Weihnachten auch sein mögen, sie sind dann auch deutlich teurer als die von der Erdbeerplantage der näheren Umgebung.

Hinzu kommt die hohe Umweltbelastung durch lange Transportwege. Die Reise der Produkte per Schiff oder Flugzeug kostet viel Energie und verursacht Treibhausgasemissionen. Kurze Transportwege hingegen haben den Vorteil, dass weder Nährstoffe wie Vitamin C noch Duft und Aroma verloren gehen.

Doch nicht nur die Tatsache, dass ausgereiftes Obst und Gemüse gesünder sind und besser schmecken, sollte den Verbraucher dazu bewegen, zu einheimischen Produkten zu greifen. Experten haben festgestellt, dass Pflanzen, die ganzjährig in Gewächshäusern angebaut werden, mehr Nitrat enthalten als saisonales Freilandgemüse. Weitere gesundheitliche Belastungen entstehen, weil Produkte aus dem Ausland oft Rückstände von Pflanzenschutzmitteln aufweisen. So trat beispielsweise bei fast 60 Prozent der Proben von türkischen und spanischen Paprika eine hohe Konzentration von bis zu drei verschiedenen Insektiziden auf.

Schluss

Zieht man all diese Gründe in Betracht, kann man als Verbraucher nur einen Bogen um chinesische Erdbeeren und andere von weit her importierte Lebensmittel machen.

Der Trend zu regionalen und saisonalen Produkten hat sich auf Wochenmärkten bereits behauptet. Mit Blick auf seine Nachhaltigkeit bleibt zu hoffen, dass solche Waren bald auch in größerem Umfang in Supermärkten angeboten werden.

2 a Lies das Merkwissen zur linearen Erörterung auf S. 26 oben.
b Untersuche, inwiefern diese Erörterung gelungen ist. Notiere dazu stichpunktartig, wie sie aufgebaut ist.

Einleitung: ______

Hauptteil: ______

______

______

Schluss: ______

3 Überfliege den folgenden Sachtext und gib stichwortartig an, worüber hier informiert wird.

Thema/Problem: ______

______

Weniger ist mehr: Mehr Fleisches-Lust statt Billig-Wurst

von Ulrike Höfken

Sommerabend, Freunde und Familie, etwas Schönes zum Trinken, der Grill in der Mitte – für viele von uns ist dieses Szenario ohne Würstchen oder Steak nicht denkbar. Das ist ja auch okay. Über die Konsequenzen, die unser Ernährungsverhalten für Klimaschutz und Hungerbekämpfung hat, müssen wir nicht in jeder Sekunde nachdenken. Aber sie müssen gezogen werden, wenn auch nicht unbedingt durch einen Verzicht aufs Grillen. Dazu bleiben ja auch noch ein paar andere Wochentage. Außerdem sind die Brutzel-Produkte oft mangelhaft, wie ein Test der Stiftung Warentest nachgewiesen hat. Und die Bilder geschundener Schweine oder Hühner, die man häufig in den Medien findet, passen auch nicht recht zum Grillvergnügen. Was ist zu tun?

1. These: Ernährungsverhalten muss Konsequenzen haben

2. These:

Weniger, aber dafür qualitativ besseres Fleisch und bessere Wurst aus artgerechter oder ökologischer Haltung zu kaufen, ist ein erster Schritt. Artgerechte Tierhaltung steht nicht nur für gute Lebensbedingungen für die Tiere, sie verzichtet u. a. auch auf Antibiotika und minimiert so Rückstände. Eine 2013 im Auftrag der Bundestagsfraktion Bündnis 90/Die Grünen in Auftrag gegebene Studie belegt, dass bereits viele Bakterien infolge des erhöhten Medikamentenkonsums durch Fleischverzehr multiresistent sind. Auf dem Grill kann stattdessen Schafskäse liegen, Tofu, Pilzspieße mit Frischkäsefüllung oder leckeres Gemüse: Dann sind eigentlich alle glücklich.
Die zweite Frage ist, ob es immer und jeden Tag Fleisch sein muss. Wir Deutschen essen viel zu viel Fleisch, nämlich viermal so viel wie Ernährungswissenschaftler empfehlen. Das schadet nicht nur unserer eigenen Gesundheit, sondern auch dem Klima und der biologischen Vielfalt. Laut Weltklimarat und Welternährungsorganisation stammen 18 Prozent der globalen Treibhausgase aus der Tierhaltung. Die Erzeugung von einem Kilo Fleisch setzt bis zu 45-mal mehr Kohlendioxid frei als die Erzeugung der gleichen Menge Gemüse. Importierte Futtermittel wie (gentechnisch verändertes) Soja, Grundlage der Massentierhaltung in Europa, gefährden die grüne Lunge der Erde – das Amazonasgebiet. Fast ein Fünftel der Regenwälder dort sind in den letzten 40 Jahren gefällt worden, vor-

wiegend für den Futtermittelanbau. Experten befürchten Verluste von weiteren 20 Prozent in den nächsten 20 Jahren. Die Folgen sind, dass weitere riesige Mengen CO_2 freigesetzt werden und eine einmalige Artenvielfalt unwiederbringlich verloren geht.
Unser überhöhter Fleischkonsum gefährdet aber auch die weltweite Ernährungssicherheit, viel mehr als z. B. Biotreibstoff. Auf rund einem Drittel der Weltagrarfläche werden heute Futtermittel angebaut. Bis zu neun Kilogramm Getreide sind nötig, um ein Kilogramm Fleisch zu produzieren. Diese Flächen werden dringend zur Versorgung der Bevölkerung vor Ort benötigt. Der agrarindustrielle Futtermittelanbau führt zu Landvertreibungen und Menschenrechtsverletzungen. Immer mehr Masse zu erzeugen, mit Gentechnik oder Pestiziden, ist keine Lösung, sondern führt zu noch mehr Bodenzerstörung und Wasserverseuchung.

Eine internationale neue Lebensstil-Bewegung setzt Zeichen – für Qualität und guten Konsum, mehr Ernährungsgerechtigkeit, gegen Klimazerstörung und Tierquälerei. Ein Tag ohne Fleisch: Den „Veggie-Day" unterstützen viele Jugendliche, Universitäten, Prominente sowie besonders die Städte Bremen oder Gent. Also los: Alle Schul- und Firmenkantinen sollten ihn ebenfalls unterstützen. Und wir alle privat. Ohne Zwang oder erhobenen Zeigefinger, sondern durch ein richtig gutes vegetarisches Angebot, nicht immer nur Milchreis oder Restgemüse. Und durch mehr Bio und bessere Qualität im Gesamtangebot. Wir alle sind zunehmend mehr auf Kantinen angewiesen,
da sollten wir stärker darauf achten, was dort angeboten wird und auch, wie und wo die „Lebens-"Mittel denn erzeugt werden.

Ulrike Höfken ist Politikerin und seit 2011 Ministerin für Umwelt, Landwirtschaft, Ernährung, Weinbau und Forsten des Landes Rheinland-Pfalz.

Quelle: www.theeuropean.de/mehr-fleisches-lust-statt-billig-wurst (aufgerufen am 10.11.2014)

4 Was weißt du bereits über das Thema des Textes „Weniger ist mehr?"
Hast du eigene Erfahrungen mit fleischfreien Mahlzeiten gemacht? Notiere stichwortartig.

____

____

5 Entscheide und begründe, welche der folgenden Überschriften ebenfalls für den Text geeignet wären.

A Hemmungsloser Fleischkonsum? Wir müssen umdenken!

B Ein Tag ohne Fleisch – unterstütze den „Veggie-Day"!

C Grillen ja, aber mit Gemüse!

Begründung: ______________________________

____

●●● 6 Beschreibe die sprachliche Gestaltung des Textes und deren Wirkung. Arbeite in deinem Heft.

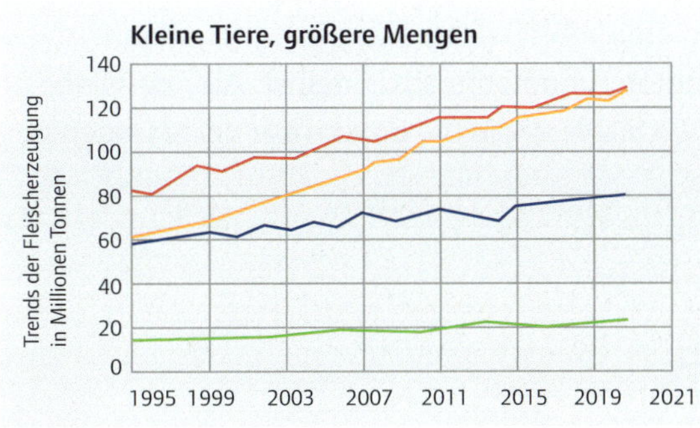

7 Beschreibe die Grafik und analysiere die dargestellten statistischen Werte.

a Mache dir zunächst Notizen zu folgenden Aspekten:

Art des Diagramms: ______________________________

Thema des Diagramms / Interpretation der Überschrift/en: ______________________________

____

verwendete Maßeinheiten: ______________________________

Ablesen und Vergleichen der Werte: ______________________________

____

____

b Formuliere nun deine Ergebnisse aus Aufgabe 7 a in einem Text. Beginne so:

Das ______________ diagramm mit der Überschrift „Kleinere Tiere, größere Mengen" gibt einen Überblick über

____

____

____

____

____

____

c Erläutere die Funktion, die die Grafik im Zusammenhang mit dem Text hat.

____

____

8 Überlege: Welche Möglichkeiten hast du, dich bewusst zu ernähren und deinen Fleischkonsum einzuschränken? Recherchiere dazu auch im Internet und mache dir Notizen.

9 Stell dir vor, du sollst für die Schülerzeitung einen Artikel verfassen, in dem du die Probleme überhöhten Fleischkonsums erörterst und deinen Leserinnen und Lesern empfiehlst, sich bewusster zu ernähren.

a Erstelle hierfür eine Stoffsammlung, indem du alle geeigneten Argumente aufschreibst. Als Grundlage dienen dir hierfür der Text (→ S. 27 f.) und das Diagramm (→ S. 29) sowie die Ergebnisse deiner eigenen Recherchen und Erfahrungen.

Argument 1: *Industriefleisch hat meist eine schlechte Qualität.*

Beispiel 1: *Dies wurde von der Stiftung Warentest nachgewiesen.*

Argument 2: ______________________

Beispiel 2: ______________________

b Nummeriere die Argumente nach dem Prinzip der Steigerung, wobei das stärkste Argument am Schluss der Argumentationskette steht. Ergänze überzeugende Beispiele.

10 Plane die Einleitung deines Artikels.

a Begründe, welcher der folgenden Einleitungssätze für eine Erörterung deines Themas geeignet ist.

Nora: Manche sagen, Fleisch essende Menschen würden nicht nur sich selbst, sondern auch der Umwelt schaden.

Leon: Ich finde, Gemüsespieße sind beim Grillen eine prima Alternative zu Würstchen.

Annika: Mit dem „Veggie-Day“, dem Tag ohne Fleisch, machen Prominente seit Längerem auf bewusste Ernährung aufmerksam.

b Formuliere nun einen eigenen Einleitungssatz zu deinem Artikel.

c Leite zum Hauptteil über, indem du das Thema deines Artikels vorstellst.

Der in den letzten Jahren drastisch gestiegene Fleischkonsum

11 Verknüpfe die folgenden Argumente mit den dazugehörigen Beispielen. Nimm die Verknüpfungsbausteine im Tipp-Kasten zu Hilfe.

Argument: zu viel Fleisch ungesund
Beispiel: Verzehr in Deutschland viermal so hoch wie empfohlen

Argument: Fleischqualität mangelhaft
Beispiel: Antibiotikarückstände, multiresistente Bakterien

Argument: Schäden fürs Klima
Beispiel: 18 % der Treibhausgase stammen aus Tierhaltung

Argument: Zerstörung der biologischen Vielfalt
Beispiel: Rodung der Regenwälder zum Zweck des Futtermittelanbaus

Argument: Verschärfung der Ernährungssituation
Beispiel: Produktion von 1 kg Fleisch benötigt 9 kg Getreide

Beispiel: *Zu viel Fleisch ist ungesund. Untersuchungen zeigen, dass der Verzehr von Fleisch in Deutschland viermal so hoch ist wie empfohlen.*

Tipp Verknüpfungsbausteine für Beispiele
Untersuchungen/Studien/Umfrageergebnisse zeigen …; Als Beispiel/Beleg lässt sich anführen …; Dies zeigt sich z. B. in …; Meiner Erfahrung nach …; Das sieht man beispielsweise auch daran, dass …; Experten haben festgestellt, dass …; Dies lässt sich auch durch … belegen; Um ein Beispiel dafür zu geben: …

12 Formuliere nun deine eigene Argumentation.

a Nenne zu Beginn deiner Argumentation deine These bzw. Meinung. Beginne z.B. so:

Die Probleme, die sich aus dem gestiegenen Fleischkonsum ergeben,

b Begründe nun deine These, indem du mehrere überzeugende Argumente und Beispiele nach dem Prinzip der Steigerung aufzählst. Nutze dazu deine Stoffsammlung (→ S. 30, Aufgabe 9) und den Tipp-Kasten mit Formulierungen zum Steigern von Argumenten. Arbeite im Heft.

c Ziehe zum Schluss deiner Argumentation ein Fazit aus deiner Argumentation. Beginne z. B. so:
Wenn man all dies bedenkt, kommt man zu dem Schluss, dass …

Tipp Formulierungen zum Steigern von Argumenten
Unterstreichen / Besonders betonen möchte ich …
Noch wichtiger/überzeugender/bedeutender erscheint mir Folgendes …
Weitaus schwerer wiegt, / Viel schwieriger/bedenklicher ist …
Klarer erkennbar ist Folgendes …

13 Schreibe einen Schluss zu deiner Erörterung, in der du Empfehlungen für eine bewusste und verantwortungsvolle Ernährung gibst. Beziehe deine Überlegungen aus den Aufgaben 7–9 ein.

Einen argumentativen Sachtext (z. B. Rede) analysieren

Methode Einen argumentativen Sachtext/eine Rede analysieren

Ein Sachtext verfolgt meist eine Aussageabsicht (Intention), er will z. B. informieren, werten oder beeinflussen. Auch eine Rede ist ein Sachtext. Gehalten wird eine Rede oft, um die Zuhörenden für ein Anliegen zu gewinnen. Wichtig ist hier auch die Redesituation (Anlass, Ort und Zeit, Publikum).
Untersuche (analysiere) folgende Aspekte des Textes:

1 Thema/Inhalt und Gedankengang (Argumentationsaufbau)
- Auf welches Thema/Problem konzentriert sich die Rede? Was sind die Hauptaussagen/Thesen?
- Welche Argumente werden genannt? Ist die Argumentation schlüssig?
- Werden Gegenargumente berücksichtigt?

2 Aussageabsicht (Intention)
- Will die Autorin/der Autor informieren, aufklären, beschwichtigen, zum Handeln aufrufen?

3 Sprachliche Gestaltungsmittel und ihre Wirkung
- Wortwahl, z. B.: auf- oder abwertende Formulierungen, Anglizismen, Fachbegriffe/Fremdwörter
- rhetorische Stilmittel, z. B.: Vergleiche, Wiederholungen, rhetorische Fragen, Personifikationen

Schritt 1: Den Text lesen und verstehen

1 a Lies die Überschrift und die Informationen zur folgenden Rede und überfliege die ersten Absätze.
b Beschreibe die Redesituation und formuliere kurz und prägnant, mit welchem Thema/Problem sich der Redner befasst. Schreibe in dein Heft.

Heiko Maas
Mailen, Surfen, Chatten – Wie ist die Privatsphäre noch zu retten?
Rede des Bundesministers für Justiz und Verbraucherschutz zur Eröffnung der Konferenz zum Safer Internet Day (Berlin, 11.02.2014)

Meine sehr geehrten Damen und Herren,
ich begrüße Sie ganz herzlich zu unserer Konferenz, heute am Safer Internet Day.
Vor 30 Jahren befand sich die Welt noch in der digitalen Steinzeit. Die Volkszählung, über die damals so vehement gestritten wurde, wurde noch mit Papier und Bleistift durchgeführt und Computer kannten die meisten Menschen damals nur aus Science-Fiction-Filmen.
Das muss man sich mal vorstellen. Ich hatte meine Hausarbeiten noch mit der Schreibmaschine geschrieben.

Begrüßung
Anglizismen
sprachliches Bild
Rückblick: Zeit vor digitalen Medien
persönlicher Bezug
Einbeziehung d. Publikums

Heute ist das anders: Das Internet ist ein Bestandteil unseres Alltags, den wir nicht mehr wegdenken können und auch nicht wollen. Mit Tablets und Smartphones können wir fast von jedem Ort der Welt aus ins Netz, und bei allem, was wir dort tun, fallen gigantische Datenmengen an. Zugleich fällt es technisch immer leichter, diese Daten zu speichern, miteinander zu verknüpfen und auszuwerten.

All dies gefährdet die Privatsphäre in bisher nie gekannter Weise und die Quellen dieser Gefahren sind vielfältig.

Wenn fremde Nachrichtendienste – ich nenne jetzt mal keine Namen – ohne rechtliche Grenzen millionenfach elektronische Daten abgreifen, um herauszufinden, wer mit wem kommuniziert und welche Internetseiten jemand besucht – dann ist die Privatsphäre in Gefahr.

Wenn Kriminelle E-Mail-Adressen und Passwörter stehlen und fremde Identitäten missbrauchen – dann ist die Privatsphäre in Gefahr.

Wenn Unternehmer die Daten ihrer Nutzer ungefragt ausbeuten, wenn Vorlieben ermittelt und Verhalten vorhersehbar gemacht wird, wenn wir zum gläsernen Kunden und unsere Daten zur Ware werden und wenn der Chef eines Internetdienstes verlautbart, er will nicht nur wissen, wo wir sind und was wir machen, sondern er will wissen, was wir denken – dann ist die Privatsphäre in Gefahr.

Big Data und Profiling, Tracking und das Internet der Dinge – all dies schafft enorme Gefahren für die Privatsphäre, und deshalb war es richtig, dass wir deren Schutz heute zum Thema dieser Konferenz gemacht haben.

Weil die Gefahren für die Privatsphäre im digitalen Zeitalter so enorm sind, gibt es nun manche, die gleich das gesamte Konzept der Privatheit infrage stellen.

Da wird auf die sogenannte „Tell-all-Generation“ verwiesen, die jede Lebensregung ins Netz stellt. Da behaupten IT-Unternehmen, wir seien nun einmal in einer „Post-Privacy-World“ angekommen. Und natürlich gibt es auch Nutzer, die resigniert oder gleichgültig fragen: Was macht es schon, wenn meine Daten bekannt sind? Wen sollten die schon interessieren?

Um es ganz klar zu sagen: Diese Einstellung ist naiv und gefährlich. Wer die Privatheit im digitalen Zeitalter für erledigt erklärt, könnte ebenso gut das Eigentum abschaffen, weil es Ladendiebstähle oder Raubkopien gibt. Beides ist Unsinn!

Das Recht auf Privatsphäre ist ein Grundrecht, das sich aus den wichtigsten Artikeln des Grundgesetzes speist: aus der Idee der Menschenwürde und des Persönlichkeitsrechts. Wer keine Privatsphäre hat, hat weniger Freiheit, denn er muss fürchten, dass alles, was er tut oder sagt, publik werden und womöglich negative Konsequenzen haben kann. Er muss also stets mit der Schere im Kopf herumlaufen und sich auf die Zunge beißen.

Der Verlust von Privatsphäre und informationeller Selbstbestimmung gefährdet aber weit mehr als nur die Freiheit des Einzelnen, er gefährdet auch unsere Gesellschaftsordnung. Unsere freiheitliche Demokratie braucht die Mitwirkung der Bürgerinnen und Bürger so sehr wie der Mensch die Luft zum Atmen. Wenn die Bürger aber in ihrer Selbstbestimmung gehemmt sind, weil sie fürchten müssen, dass kontrolliert wird, welche Internetseiten sie besuchen, mit wem sie chatten und welche Produkte sie kaufen, dann gerät unsere Demokratie in Gefahr!

Hört sich dramatisch an? Ist aber so!

Bei der digitalen Massenüberwachung steht also nicht nur die Privatsphäre infrage. Es geht auch um die Informations-, Meinungs- und Kommunikationsfreiheit. Es geht um die Grundlagen unserer freiheitlichen Demokratie.

Hier ist auch jeder Einzelne gefordert.

Zur Sicherung der Privatsphäre im Netz gehört daher auch die Stärkung des Selbstdatenschutzes. Verbraucherbildung und mehr Medienkompetenz können hier eine Menge leisten. Auch hier bleibt aber eines ganz entscheidend: die Transparenz. Nur wenn jeder Verbraucher vorher weiß, was mit seinen Daten geschieht und wer diese zu welchen Zwecken bekommt, kann er eigenverantwortlich bestimmen, ob er einen Dienst im Netz nutzen will oder nicht.

Es geht darum, die Souveränität des Verbrauchers über seine persönlichen Daten im Netz zu sichern. Wie das gelingen kann, dafür brauchen wir die Ideen und die Kreativität von vielen. Aus diesem Grund haben wir heute zu dieser Konferenz geladen. Ich freue mich auf interessante und spannende Debatten und ich bin sicher: Gemeinsam können wir für die Privatsphäre im Netz eine Menge erreichen.

2 a Lies die Rede auf S. 32 ff. zügig durch. Markiere dabei aussagekräftige Textstellen und unterstreiche dir unbekannte Fachbegriffe (z. B. Anglizismen).
b Kreuze an, welche Position Heiko Maas zum Thema Privatsphäre im Internet vertritt:

> **Tipp** **Arbeite mit dem Text:** Unterstreiche oder markiere Informationen und Auffälligkeiten. **Nutze die Randspalte** für Notizen (Beispiel: S. 32, 1. Absatz).

- ☐ **A** Der Redner konzentriert sich auf eine Gefahr und erklärt diese genau.
- ☐ **B** Der Redner spielt die Gefahren herunter.
- ☐ **C** Der Redner sieht vielfältige Gefahren für die Privatsphäre im Internet.
- ☐ **D** Der Redner warnt davor, sich zu viel im Internet zu bewegen.

3 Die folgenden Fachbegriffe (Anglizismen) aus dem Bereich der digitalen Medien werden in der Rede verwendet. Erkläre ihre Bedeutung, indem du Verbindungslinien ziehst.

A Safer-Internet-Day	**a** das Erstellen von Profilen zur Überwachung von Personen
B Big Data	**b** die Welt nach der Privatsphäre/ohne Privatsphäre
C Profiling	**c** die Generation, die jedem alles erzählt
D Tracking	**d** Tag für ein sichereres Internet
E „Tell-all-Generation“	**e** das Sammeln und Auswerten von großen Datenmengen
F „Post-Privacy-World“	**f** das Aufzeichnen und Verfolgen von Spuren im Internet

Schritt 2: Den Text analysieren

4 Lies die Rede (S. 32–34) noch einmal gründlich und untersuche den Gedankengang (Argumentationsaufbau) der Rede. Markiere die Thesen orange, die Argumente grün.

5 a Vier der folgenden Thesen werden in der Rede vertreten. Kreuze sie an.
b Prüfe, ob du diese vier Thesen beim gründlichen Lesen (Aufgabe 4) markiert hast.

- ☐ **A** Die Stärkung des Selbstdatenschutzes trägt zum Schutz der Privatsphäre im Internet bei.
- ☐ **B** Der gläserne Kunde geht mit seinen Daten nachlässig um.
- ☐ **C** Die Gefährdung der Privatsphäre hat vielfältige Quellen.
- ☐ **D** Das Recht auf Privatsphäre ist ein Grundrecht des Menschen.
- ☐ **E** Vor 30 Jahren war alles besser, weil die Medien sicherer waren.
- ☐ **F** Der Verlust der Privatsphäre gefährdet die freiheitliche Demokratie.

6 Gib die drei Argumente, die die folgende zentrale These stützen, mit eigenen Worten wieder.
Zentrale These: „All dies gefährdet die Privatsphäre in bisher nie gekannter Weise und die Quellen dieser Gefahren sind vielfältig." (Z. 14 f.)

1. … weil fremde Nachrichtendienste ____________________

2. … weil ____________________

3. … weil ____________________

> **Tipp Aussagen aus dem Text kannst du wiedergeben als:**
> – **wörtliches (direktes) Zitat,** z. B.:
> *Heiko Maas fordert die „Mitwirkung der Bürgerinnen und Bürger"* (Z. 48 f.) *ein.*
> – **sinngemäßes (indirektes) Zitat** mit eigenen Worten, z. B.: *Der Redner weist darauf hin, dass viele Menschen ihr ganzes Leben freiwillig öffentlich ausbreiten.*
> **Äußerungen Dritter** können auch in der **indirekten Rede** (→ S. 60) wiedergegeben werden, z. B.:
> *Nicht wenige Nutzer nähmen gleichgültig an, ihr Leben interessiere niemanden.*

7 Arbeite den Lückentext aus: Gehe auf das Gegenargument ein, das Heiko Maas anführt und entkräftet.

Heiko Maas führt an, viele Menschen, aber auch IT-Unternehmen würden behaupten, ____________________

____________________.

Er räumt zwar ein, dass ____________________

____________________. Dagegen argumentiert er,

____________________, und wertet sie mit ____________________ ab.

8 Kreuze die richtige Antwort an: Die Aussageabsicht des Textes ist es, …

- ☐ **A** zu überzeugen und zur Eigenverantwortung aufzurufen.
- ☐ **B** zu manipulieren und zu verschleiern.
- ☐ **C** zu beeinflussen und zu beschwichtigen.
- ☐ **D** zu belehren und zu unterhalten.

Merkwissen Sprachliche/rhetorische Gestaltungsmittel (Auswahl)

Sprachliche Gestaltungsmittel werden **durch Zitate belegt** und **in ihrer Wirkung beschrieben:**
- **Wortwahl und Sprachstil,** z. B.: Fremdwörter, Anglizismen, Jugendsprache ⟶ Bezug zum Publikum? „Hochwertwörter", z. B.: Demokratie, Transparenz ⟶ schaffen eine positive Haltung
- **Ich-Botschaften:** z. B.: eigene Erfahrungen ⟶ zeigen persönliche Seite, erzeugen Nähe
- **Personalpronomen,** z. B.: wir ⟶ wecken Gemeinschaftsgefühl, erzeugen Nähe
- **rhetorische Fragen** (Scheinfragen ohne Antwort) ⟶ beziehen Zuhörende in Überlegungen ein
- **bildhafte Formulierungen,** z. B.: Metaphern, Vergleiche, Personifikationen ⟶ Veranschaulichung
- **Wiederholungen/paralleler Satzbau** ⟶ Nachdruck, Beschwörung eines Sachverhalts

9 Untersuche die rhetorische Gestaltung der Rede.

a Beschreibe mithilfe des Merkwissens oben knapp: Wie sind die drei Argumente in Z. 16 bis 26 sprachlich gestaltet? Wie wirkt diese Gestaltung auf die Zuhörenden?

____

____

____

b Kreuze die falsche Antwort an.
Der Redner nutzt die Personalpronomen *ich* und *wir,* weil er …

☐ **A** an den Gemeinschaftssinn appellieren will. ☐ **B** von sich selbst überzeugt ist.

☐ **C** durch ein Wir-Gefühl Nähe herstellen will. ☐ **D** die Zuhörenden einbeziehen will.

c Kreuze die zwei Arten bildhafter Formulierungen an, die in der Rede verwendet werden.
Notiere dort jeweils Zeilenangaben für zwei Beispiele.

Vergleiche: __________ Personifikationen: __________ Metaphern: __________

d Arbeite den folgenden Satz aus: Wähle eine bildhafte Formulierung aus der Rede aus, zitiere sie und beschreibe ihre Wirkung.

Heiko Maas spricht von/vom ______________________________ *(Z.* ___ *).*

Mit diesem/dieser ______________ *hebt er* ______________________________

______________________________ *besonders hervor.*

e Fülle die Lücken und führe den Satz mit einem Beispiel fort. Setze fehlende Anführungszeichen ein.

Mit alltagssprachlichen Wendungen wie Das muss man sich mal vorstellen (Z. ___ *)* ______________

und ______________________________ *(Z.* ___ *) betont der*

Redner die emotionale ______________ *zu seinem Publikum.*

Schritt 3: Die Sachtext-/Redeanalyse schreiben

Merkwissen Schreibplan für eine Sachtext-/Redeanalyse

Aufbau
- Die **Einleitung** enthält Textsorte, Titel, Autor/-in, Entstehungsjahr, Anlass und Thema/Problem der Rede.
- Im **Hauptteil** werden die Ergebnisse der Textanalyse dargelegt: Kernaussage/Position der Rednerin/des Redners, Gedankengang/Argumentationsaufbau, evtl. Redeabsicht, sprachlich-rhetorische Mittel und ihre Wirkung. Wichtige Aussagen müssen durch Zitate (→ S. 35, S. 99) mit Zeilenangaben belegt werden.
- Zum **Schluss** nimmt man – je nach Aufgabenstellung – Stellung zu dem im Text genannten Thema bzw. Problem, äußert einen weiterführenden Gedanken bzw. zieht ein Fazit.
- Man formuliert **sachlich** und verwendet das **Präsens**.

1 Formuliere im Heft eine informative Einleitung. Alle dafür erforderlichen Angaben findest du auf S. 32.

2 Schreibe den Hauptteil deiner Redeanalyse.

a Die folgenden Stichwörter fassen die Kerngedanken der Rede zusammen. Nummeriere sie für die Gliederung/den Schreibplan deiner Textanalyse in der Reihenfolge, in der sie im Text vorkommen.

___ Erweiterung der Gefahren | ___ Lösung des Problems | ___ zentrale These

1 emotionale Ansprache durch Alltagsbezug | ___ Anführen einer Gegenposition

___ Betonung der gemeinsamen Aufgabe | ___ Argumente, die Gefahren aufzeigen

b Fasse im Heft die Kernaussagen der Rede zusammen. Die angebotenen Formulierungen helfen dir.

… vertritt den Standpunkt/ist überzeugt/hebt hervor, dass … | Besonders seine … These, dass … stützt er mit …

c Stelle den Argumentationsaufbau der Rede zusammenhängend dar. Verwende auch die folgenden Formulierungen und schreibe in dein Heft. Nutze die Analyseergebnisse der Aufgaben 4 bis 8 auf S. 35.

Heiko Maas leitet seine Rede mit … ein, um dann zu … überzuleiten. | Er vereinnahmt schon am Anfang … | Der Redner zählt zunächst … auf. | Gegenargumente, wie z. B. … nimmt er auf, … Dann wertet er … | Heiko Maas stellt das Problem in einen größeren Zusammenhang, indem er … | Nachdem er die Gefahren deutlich …, wendet er sich …, um … | Abschließend appelliert er …

d Zeige auf, wie der Redner seine Aussageabsicht mit sprachlichen Mitteln hervorhebt. Nutze auch die folgenden Formulierungen und schreibe ins Heft. Greife die Analyseergebnisse von Aufgabe 9 auf S. 36 auf.

Heiko Maas will mit seiner Rede … | Um dies zu erreichen, verwendet er … | Er unterstreicht seine Auffassung durch … | Außerdem verwendet er …, mit denen er … veranschaulicht. | Er setzt … gezielt ein, um …

3 Formuliere am Schluss ein Fazit. Setze den folgenden Satz im Heft fort.

Heiko Maas' Position stimme ich vollständig zu / teilweise zu / nicht zu, denn …

●●● 4 Formuliere einen weiterführenden Gedanken zum Problem der Privatsphäre im Internet. Schreibe in dein Heft.

Eine Kurzgeschichte analysieren und interpretieren

Merkwissen Leitfragen für die Analyse eines literarischen Textes

1 Thema/Inhalt
- Was ist das Thema des Textes? Gibt es zentrale Motive?

2 Aufbau der Handlung
- Wie sind Ausgangssituation und Schluss (offen/geschlossen) gestaltet?
- Gibt es einen Höhe- bzw. Wendepunkt (Pointe)? Wird Spannung erzeugt?
- Wird linear erzählt oder gibt es Rückblenden und/oder Vorausdeutungen (Zeitgestaltung)?

3 Figuren
- Welche Figuren kommen vor? Wie werden sie charakterisiert? In welcher Beziehung stehen sie zueinander? Erfährst du etwas über die Gedanken und Gefühle (innere Handlung) der Figuren oder liegt der Schwerpunkt auf der Darstellung der äußeren Handlung?

4 Erzähler
- Welche **Erzählform** (Ich-Erzähler/-in oder Er-/Sie-Erzähler/-in) liegt vor? Wie wirkt dies?
- Welches **Erzählverhalten** (auktorial oder personal) liegt vor? Wie wirkt dies?

5 Sprachlich-stilistische Auffälligkeiten
- Gibt es Besonderheiten im **Satzbau**, z. B.: einfache, kurze Sätze (Parataxe) oder längere Satzgefüge (Hypotaxe)?
- Werden Sätze oder Wörter **wiederholt**? Gibt es ein **Leitmotiv**?
- Gibt es Besonderheiten der Sprache/Wortwahl (z. B.: Jugendsprache, sachliche Sprache)?
- Werden **sprachliche Bilder** (Personifikationen, Metaphern, Vergleiche) gebraucht?

Besonderheiten: Gibt es Textstellen, die **Andeutungen** enthalten, **Fragen** aufwerfen? Welche Fragen bleiben ungeklärt? Ergeben sich **Deutungsmöglichkeiten** daraus?

1 Lies die folgende Kurzgeschichte.

Gabriele Wohmann
Du kriegst nichts geglaubt *(2006)*

Was ich bei Johanna und Lee, Lee ist mein amerikanischer Stiefvater, außerdem beobachte: Du kriegst nichts geglaubt, nicht in der Ehe, nichts, was nicht total plausibel klingt. Ich habe, anders als Lee und als vorher mein Vater, einen Blick dafür, speziell für Johanna, und ich weiß, wann sie schummelt, wann aber auch ganz und gar nicht. Und ganz und gar nicht den geringsten Anlaß, dran zu zweifeln, gabs, als sie Lee zum ich weiß nicht wievielten Mal erklärte: Ich hab mit Carlos einen saublöden Abend verbracht. Ich schwörs dir. Sie setzte die Wörter voneinander ab, wie eine Lehrerin, die in der ersten Klasse ein Diktat gibt. Ich wußte, sie hatte sich diesen Carlos endgültig abgeschminkt. So was merke ich ihr einfach an, für mich wars sonnenklar, aber Lee blieb stur, wie es Jahre zuvor mein Vater geblieben wäre, stur und bitterböse. Männer kapieren überhaupt nichts. Männer und Frauen, dazwischen liegen Welten, ich meine, wenn es hart auf hart kommt. Oder so: Diese Welten liegen immer zwischen ihnen, aber in Friedenszeiten fällts keinem auf.

Lee konnte nur immer wieder fragen: Und warum bist du so ewig mit ihm in diesem Bistro hängengeblieben, wenns so saublöd war?

Sie sehen nur Fakten, Uhrzeiten, sie sind Vermesser, die Männer. Unser Familienleben regt mich wirklich nicht zu der Absicht an, jemals zu heiraten. Nicht, wenn ich an meinen Vater denke, und durch Lee hat sich daran weniger als wenig geändert.

Und alles andere als hellsichtig benahm Lee sich, als Johanna noch wirklich an Carlos interessiert war. Ich sah auch das sofort, sie machte sich was aus ihm – hat mir übrigens nicht gefallen, sie führte sich albern auf –, aber Lee war arglos wie ein Mistkäfer, der in der Mitte vom Waldweg krabbelt und nicht am Rand, wo die Radfahrer und die Fußgänger ihn mit geringerer Wahrscheinlichkeit niederwalzen.

Jetzt, bei Johannas gräßlicher Rückkehr – sie hatte eine Freundin besucht, aber hauptsächlich, um bei der Gelegenheit Carlos zu treffen –, jetzt sprachen sämtliche Indizien gegen sie. Männer lieben Indizien. Da war zum Beispiel Johannas Fahrlässigkeit. Sie hatte in einem Taxi ihre Plastiktasche liegengelassen, mit nichts Wichtigem drin, aber immerhin. So was passiert ihr sonst nicht. Johanna ist in manchen Dingen eher überkorrekt, mein Lieber, hätte ich beinah zu Lee gesagt, aber das hätte die Sache erst recht verdächtig gemacht. Und dann: Seit wann verschläft eine Frau, die so selten mal lang und gut schläft wie Johanna? Sie hat anrufen und eine spätere Ankunft mit dem Bus ankündigen müssen. Als Lee sie immer wieder darauf festnagelte und Johanna wegen ihres guten langen Schlafs beargwöhnte – ist er gut im Bett, der Schuft, und so weiter –, schrie Johanna plötzlich: Mein Gott, ich war so nervös und auf der ganzen Fahrt im Bus so, ich weiß auch nicht, so entfremdet, ich hab nichts mehr verstanden, ich hatte Angst, und die Gegend war, als wäre ich nie dort gewesen, ich hab immer noch Angst, daß ich geisteskrank werde.

Oder daß ichs schon bin, geisteskrank.

Lee lachte, es hörte sich furchtbar feindselig an. Aber er war so todunglücklich wie sie, das muß ich zu seiner Ehrenrettung sagen. Daß er ihr niemals glauben würde, in all den kommenden Jahren, nie und nimmer, das ist für ihn so schlimm wie für sie. Das kapierte ich plötzlich. Ich haßte sie beide, und beide liebte ich. Aber lang werde ich hier nicht mehr bleiben.

R

2 Beschreibe deine ersten Leseeindrücke.

3 a Lies die Geschichte ein zweites Mal und kennzeichne dabei die im Text nicht herausgehobene wörtliche Rede mit Anführungszeichen.

●●● b Erkläre im Heft: Warum hat die Autorin keine Anführungszeichen eingefügt?

c Schreibe auf, welche Erzählform und welches Erzählverhalten vorliegen.

d Notiere in Stichwörtern: Ist der Erzähler männlich oder weiblich? Gibt der Text Hinweise dazu?

4 a Worum geht es? Jede der folgenden Aussagen beschreibt inhaltliche Aspekte der Kurzgeschichte. Kreuze zwei Aussagen an, die gemeinsam das Thema genau wiedergeben.

> **Tipp** Ein gutes Verständnis des Themas führt zu einer sogenannten **Verstehens- oder Deutungshypothese**. Diese hilft dir, den Text genau zu analysieren.

- ☐ **A** Das zentrale Thema der Kurzgeschichte ist die Untreue einer Frau namens Johanna.
- ☐ **B** In der Kurzgeschichte geht es darum, was typisch für Männer und was typisch für Frauen ist.
- ☐ **C** Die Kurzgeschichte zeigt, wie familiäre Erfahrungen das Menschenbild eines jungen Menschen prägen.
- ☐ **D** Im Mittelpunkt der Kurzgeschichte steht eine junge Ich-Erzählerin, die sich aus ihrer Familie löst.
- ☐ **E** Thema der Kurzgeschichte ist ein Ehestreit, verursacht durch einen Vertrauensverlust.

b Erläutere, in welcher Weise sich der Titel auf die Kurzgeschichte bezieht.

____

____

____

Merkwissen Die Zeitgestaltung in einer Erzählung: Rückblende und Vorausdeutung

Wird chronologisch erzählt, folgen die Ereignisse in der zeitlich richtigen Reihenfolge (linear) aufeinander. Der Erzähler kann die aktuelle Handlung aber auch unterbrechen:
- **Rückblenden** erzählen von vergangenen Ereignissen und können zusätzliche Informationen enthalten, die zum Verständnis der Handlung wichtig sind oder sie in einem neuen Licht erscheinen lassen.
- **Vorausdeutungen** nehmen zukünftige Ereignisse vorweg, z. B. um die Spannung zu steigern.

Tipp: Die Tempora der Verben sowie Zeitangaben (z. B.: *damals, bald*) geben Hinweise auf die Zeitebenen.

5 Trage die wichtigen Handlungsschritte chronologisch in die folgende Zeitleiste ein (Stichwörter).

Vorgeschichte (Rückblende)	Gegenwart (aktuelle Handlung)	Zukunft (Vorausdeutung)

6 Was erfährst du über die Figuren Johanna und Lee?
a Verwende zwei Farben und markiere im Text Informationen, beziehe auch die wörtliche Rede ein.
b Notiere Stichwörter, die Johanna und Lee charakterisieren.

Johanna	Lee

7 Untersuche die sprachlich-stilistische Gestaltung des Textes. Notiere zu jedem Punkt Textbelege.

umgangssprachliche Formulierungen: ______

______

auffällige Vergleiche: ______

______

allgemeingültige Aussagen: ______

______

für mündlichen Sprachgebrauch typischer Satzbau: ______

______

8 a Markiere im Text Informationen, die die Ich-Erzählerin über sich selbst gibt.
b Wie wirkt die Figur der Ich-Erzählerin? Kreuze an.
c Schreibe zu jedem Aspekt der Charakterisierung eine kurze Begründung in dein Heft.

A Das Alter der Ich-Erzählerin liegt vermutlich

☐ zwischen 10 und 16 Jahren. ☐ zwischen 17 und 20 Jahren. ☐ zwischen 20 und 25 Jahren.

B Die Ich-Erzählerin wirkt

☐ verstört. ☐ selbstsicher. ☐ kindlich. ☐ ohne Illusionen. ☐ voreingenommen.

C Das Verhältnis der Ich-Erzählerin zu Johanna ist

☐ verständnislos. ☐ distanziert. ☐ vertraut. ☐ besserwisserisch. ☐ zugeneigt.

D Die Ich-Erzählerin befindet sich

☐ in einer verzweifelten Situation. ☐ in einer stabilen Lebensphase. ☐ an einem Wendepunkt.

●●● 9 Inwiefern beeinflussen die familiären Erfahrungen der Ich-Erzählerin ihre Ansichten über Männer, Frauen und Familie? Notiere deine Beobachtungen mit Angabe von Textbelegen im Heft.

Weiterführende Aufgaben: Figuren, Leitmotiv, Merkmale der Textart

Methode Schreibplan für die Interpretation eines literarischen Textes

Aufbau
In der **Einleitung** nennt man den Namen der Autorin/des Autors, den Titel, die Textsorte (z. B.: Kurzgeschichte, Erzählung) und das Thema bzw. die Kernaussage des Textes.
Im **Hauptteil** werden die Ergebnisse der Texterschließung dargelegt und alle Aussagen mit geeigneten Textbelegen (→ S. 35, S. 99) gestützt. Je nach Aufgabenstellung wird auf folgende Punkte eingegangen:
– Inhalt und Aufbau der Geschichte (Handlung chronologisch, auch: äußere, innere Handlung),
– Figuren und ihre Beziehungen zueinander,
– Erzähler und Erzähltechnik, sprachlich-stilistische Gestaltung,
– evtl. Besonderes im Hinblick auf die Textsorte (z. B.: Kurzgeschichte, Parabel).
Am **Schluss** nimmt man kurz Stellung zum Text (z. B.: Inhalt, Problem) oder bewertet ihn persönlich.
Die Analyse wird im Präsens verfasst und fachlich angemessen (mit Fachbegriffen) formuliert.

1 Formuliere eine Einleitung. Greife dazu auch auf die Ergebnisse von Aufgabe 4 auf S. 40 zurück.

____

____

____

2 Gib im Hauptteil deiner Interpretation Inhalt und Aufbau der Kurzgeschichte wieder, indem du die folgenden Satzanfänge zu Ende führst. Verwende auch deine Ergebnisse der Aufgaben 3 (→ S. 39) und 5 (→ S. 40).

Die Ich-Erzählerin erzählt von ______________________________ .

Vermutlich ist die Ich-Erzählerin die Tochter von Johanna, denn ______________________________

______________________________ .

Über Johanna und ihre Beziehungen erfährt man, dass ______________________________

____

______________________________ .

Während sich in der Vergangenheit also einiges ereignet hat, besteht die äußere Handlung zum Zeitpunkt

des Erzählens ______________________________

______________________________ .

Die Ich-Erzählerin erwartet für die Zukunft ______________________________

______________________________ .

Sie kommt zu dem Schluss, ______________________________ .

3 Nur eine der Überleitungen zur Charakterisierung der Hauptfiguren der Kurzgeschichte ist gelungen.
a Kreuze sie an und begründe deine Wahl anschließend.
b Setze die Charakterisierung der Hauptfiguren im Heft fort. Verwende deine Vorarbeiten der Aufgaben 6 bis 8 (→ S. 41) und stütze deine Aussagen durch geeignete Textbelege (Richtig zitieren → S. 35).

☐ **A** *Insbesondere der letzte Satz der Kurzgeschichte macht deutlich, dass die Ich-Erzählerin die eigentliche Hauptfigur der Kurzgeschichte ist. Denn was und wie sie von ihrer Familie und den Ereignissen erzählt, dient letztlich dazu, ihre Lebenssituation, ihre Gefühle, ihre Ansichten zu vermitteln. Diese stellen sich im Einzelnen so dar: …*

☐ **B** *Ich charakterisiere jetzt die Personen in dem Text. Ich beginne mit der Ich-Erzählerin, denn um sie dreht sich eigentlich alles: Sie ist vermutlich zwischen 15 und 20 Jahre alt. Sie lebt noch bei ihren Eltern, zieht aber wahrscheinlich bald aus. …*

Gelungen ist die Überleitung ______, weil ____________________

____

____

4 Untersuche, welche Merkmale von Kurzgeschichten du am Text belegen kannst, und fasse diese im Heft kurz zusammen.

Tipp Merkmale von Kurzgeschichten:
geringer Umfang; alltägliches Geschehen (Ausschnitt); unmittelbarer Einstieg; zielstrebiger Handlungsverlauf hin zu einem Höhe- oder Wendepunkt; offener Schluss, der viele Deutungsmöglichkeiten zulässt; Alltagssprache mit einfachem Satzbau und umgangssprachlichen Elementen in direkter Rede

5 Schließe deine Interpretation mit einer kurzen Stellungnahme ab. Du kannst dafür auf deine ersten Leseeindrücke (→ S. 39, Aufgabe 2) zurückgreifen und/oder die folgenden Fragen als Anregung nutzen:
- Inwiefern ist die dargestellte Situation typisch für Familien?
- Was könnte man kritisch gegen das Männer-/Frauen-/Familienbild der Ich-Erzählerin einwenden?
- Gelingt es der (über 80-jährigen) Autorin Gabriele Wohmann, die Innensicht einer jungen Frau überzeugend zu gestalten?

____

____

____

____

6 Verfasse im Heft eine vollständige Analyse der Kurzgeschichte (→ S. 38–39). Beachte den Schreibplan auf S. 42 und verwende alle Ergebnisse der Textuntersuchungen auf S. 39 bis 43.

●●● 7 Formuliere den Schreibplan im Informationskasten auf S. 42 in Fragen für eine Checkliste zur Textüberarbeitung um, z. B.: *Habe ich in der Einleitung alle Angaben genannt: Name des Autors/der Autorin, …?*
Schreibe ins Heft und nutze die Checkliste anschließend, um deine Interpretation zu überarbeiten.

Ein Gedicht analysieren und interpretieren

Methode Leitfragen für die Gedichtanalyse (Teil I)

1 Inhalt, Thema
- Wird eine Handlung oder Situation/Szene beschrieben? Oder werden Gefühle, Eindrücke, Gedanken oder Stimmungen dargestellt?
- Was bedeutet der Titel des Gedichts? Welchen Bezug hat er zum Gedicht?

2 Das lyrische Ich
- Gibt es ein lyrisches Ich (eine Sprecherin/einen Sprecher) oder ist dieses im Text nicht direkt greifbar?
- Welche Haltung hat das lyrische Ich (z. B.: *begeistert, traurig, preisend, kritisch*)?
- Gibt es einen Adressaten (du/ihr) oder spricht das lyrische Ich mit sich selbst?

3 Formaler Aufbau
- Ist das Gedicht in Strophen (regelmäßig/unregelmäßig) gegliedert? Liegt eine besondere Form vor?
- Ist das Gedicht gereimt? Liegt eine besondere Reimform vor?
- Ist ein Metrum (z. B.: Jambus, Trochäus, Daktylus) erkennbar? Gibt es Abweichungen?

Schritt 1: Das Gedicht verstehen

1 a Lies dir das folgende Gedicht von Paul Zech durch. Überfliege es zunächst und lies es dann genau.
b Markiere Auffälliges und notiere rechts Überlegungen zu Inhalt, Form und sprachlicher Gestaltung.

Paul Zech
Fabrikstraße Tags *(1911)*

Nichts als Mauern. Ohne Gras und Glas
zieht die Straße den gescheckten Gurt
der Fassaden. Keine Bahnspur surrt.
Immer glänzt das Pflaster wassernass.

Streift ein Mensch dich, trifft sein Blick dich kalt
bis ins Mark; die harten Schritte haun
Feuer aus dem turmhoch steilen Zaun,
noch sein kurzer Atem wolkt geballt.

Keine Zuchthauszelle klemmt
so in Eis das Denken wie dies Gehn
zwischen Mauern, die nur sich besehn.

Trägst Du Purpur oder Büßerhemd –:
immer drückt mit riesigem Gewicht
Gottes Bannfluch: uhrenlose Schicht.

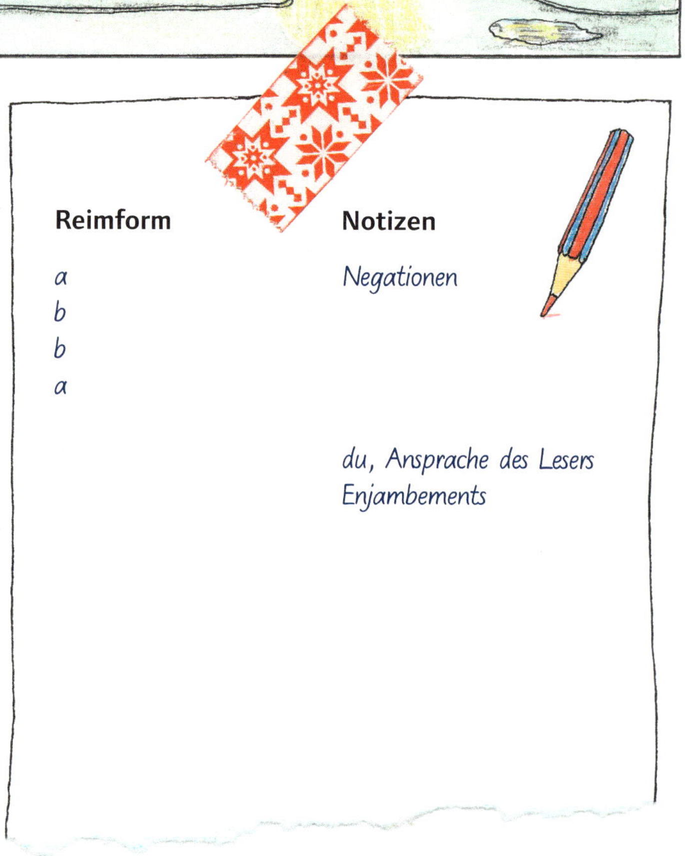

2 Erschließe den Inhalt des Gedichts.

a Begründe in deinem Heft, welche der folgenden Formulierungen das Thema des Gedichts am besten trifft.

Umweltverschmutzung | Gefängnisalltag | Vereinsamung in der industriellen Gesellschaft | Hässlichkeit der modernen Stadt | Kontaktaufnahme

b Ordne jeder Strophe einen der folgenden Begriffe zu, indem du die Strophenzahl dahinter schreibst.

Enge ____ Bedrückung ____ Vereinsamung ____ Ödnis ____

c Gib kurz den Inhalt jeder Strophe wieder. Trage hierzu die angebotenen Formulierungen in den Lückentext ein.

dem man nicht entrinnen kann | *trostlosen Anblick einer Industriestraße* | *da keine Fenster vorhanden sind* | *ob man reich oder arm ist* | *die als feindselig und kalt beschrieben wird*

Die **erste Strophe** schildert den ______________________________, ohne Grün, geprägt von Mauern und eng beieinander liegenden Fassaden. Der Blick wird zusätzlich eingeschränkt, ______________________________. In der **zweiten Strophe** kommt es zu einer Begegnung mit einem anderen Menschen, ______________________________. Die Wirkung dieser bedrückenden Umgebung zerstört die Freiheit des Denkens, führt in ein geistiges Gefängnis, dem ______________________________ **(dritte Strophe)**, egal ______________________________ **(vierte Strophe)**.

3 Beschreibe das lyrische Ich, indem du Unzutreffendes im Text durchstreichst. Suche passende Belege im Text.

Es gibt ein lyrisches Ich, das dem Leser entgegentritt. / Das lyrische Ich tritt nicht direkt in Erscheinung, denn nirgendwo werden die Pronomen ich, mein, mir oder wir, uns verwendet. Es gibt in dem Gedicht aber ein/kein lyrisches Du. Der Sprecher ist ein Beobachter/Mitfühlender, der seine Wahrnehmungen genau schildert. Die Haltung des lyrischen Ichs ist neutral/nicht neutral, weil es lediglich schildert/kritisiert.

4 Untersuche das Gedicht unter formalen Gesichtspunkten.

a Notiere Strophen- und Verszahl sowie Reim- und Gedichtform neben dem Gedicht (→ S. 44).

b Bestimme das Metrum, indem du die Betonungszeichen setzt, z. B.:

x́ x x́ x x́ x x́ x x́
„Nichts als Mauern. Ohne Gras und Glas."

Metrum: ______________________________

c Das Gedicht enthält zahlreiche Enjambements. Kennzeichne sie und beschreibe ihre Wirkung auf den Rhythmus des Gedichts.

Tipp Endet ein Vers mit einer unbetonten Silbe, spricht man von einer **weiblichen Kadenz**, endet er mit einer betonten Silbe, so handelt es sich um eine **männliche Kadenz**.

d Welcher Gesamteindruck ergibt sich dadurch? Kreuze die Begriffe an, die deutlich machen, dass das Metrum den Inhalt unterstützt, und begründe deine Entscheidung.
Tipp: Beziehe auch die Wirkung der männlichen Kadenz sowie der Enjambements mit ein.

☐ abwechslungsreich ☐ unharmonisch ☐ monoton ☐ hektisch ☐ gleichbleibend

Methode Leitfragen für die Gedichtanalyse (Teil II)

4 Sprachliche Mittel
- Welche **sprachlichen Bilder** (Metaphern, Personifikationen, Vergleiche) werden verwendet?
- Liegen besondere **Stilfiguren** vor, z. B.: Alliteration (Wiederholung von Anfangsbuchstaben), Parallelismus (paralleler Satzbau) oder Anapher (Wiederholung von Wörtern am Versanfang)?
- Welche **Wörter** oder Wortfamilien fallen auf? Gibt es Neologismen (Wortneuschöpfungen)?
- Hat das Gedicht einen bestimmten **Klang**, z. B. durch vokalreiche Wörter? Liegt eine Häufung von hellen/dunklen Vokalen oder harten Konsonanten vor?

5 Erschließe die sprachlichen Bilder: Lege im Heft eine Übersicht nach folgendem Muster an und notiere darin Textbelege. Erkläre jeweils, um welches Bild es sich handelt und wie es wirkt.

Textbeleg (mit Vers)	Sprachliches Bild (Art)	Wirkung (Deutung)
„Gras und Glas" (V. 1)	Alliteration	Betonung, Hervorhebung; verstärkt durch die Negation wird deutlich, was hier alles fehlt
„den gescheckten Gurt" (V. 2)	Metapher	„Gurt" steht für Einengung, „gescheckten" zeigt, dass hier keine richtige Farbe, sondern …
…	…	…

6 Im 8. Vers verwendet Paul Zech das Wort *wolkt*. Erläutere, was mit diesem Neologismus gemeint sein könnte, indem du den folgenden Satz fortführst.

Durch das Wort „wolkt" (V. 8) wird beim Leser die Assoziation ______________________

geweckt. Zwischen den beiden Figuren herrscht also ______________ .

7 Vervollständige die folgenden Sätze.

Im ganzen Gedicht gibt es ____________ positiv konnotierte Wörter bzw. es folgt darauf ein Wort,

das die positive Wirkung aufhebt. Beispiele: Zwar „glänzt das Pflaster" (V. 4), allerdings ____________ .

Das angesprochene lyrische Du könnte zwar einen Herrschermantel tragen (→ V. ___), aber eben auch

______________ .

8 a Lies das Gedicht laut und achte beim Vortrag auf seinen Klang.
b Kreuze Zutreffendes an und schreibe passende Beispiele (mit Versangabe) aus dem Gedicht heraus.

☐ **A** Durch die häufige Verwendung von Doppelkonsonanten und Konsonantenhäufungen wie z. B.: ______

______________________________ wirkt das Gedicht sehr hart.

☐ **B** Passend zum bedrückenden Gesamteindruck werden viele dunkle Vokale verwendet, z. B. in den Wörtern

______________________________ .

Schritt 2: Das Gedicht schriftlich interpretieren

Merkwissen Schreibplan für eine Gedichtinterpretation

Aufbau
In der **Einleitung** nennst du die Art des Textes, den Titel, den Namen der Autorin / des Autors, das Entstehungsjahr und das Thema des Textes.
Im **Hauptteil** fasst du die wichtigsten Ergebnisse deiner Analyse in geordneter Reihenfolge zusammen: Beginne mit einer **kurzen Inhaltsangabe** (am besten strophenweise). Beschreibe dann den formalen Aufbau des Gedichts (Strophen, Verse, Reimform, Metrum) und die **sprachlichen Gestaltungsmittel**. Erläutere die Funktion und die Wirkung der Gestaltungsmittel. Stelle dabei immer wieder einen **Bezug zum Inhalt und zur Aussage** des Gedichts her.
Fasse zum **Schluss** die Gesamtaussage des Gedichts zusammen oder beschreibe, wie das Gedicht auf dich wirkt oder wie es dir gefällt.

9 Setze die folgenden Bausteine zu verschiedenen grammatikalisch und inhaltlich richtigen Einleitungssätzen zusammen. Aber Vorsicht! Einige Bausteine sind falsch. Streiche sie durch.

Mit seinem | In dem | Das | Gedicht | Sonett | Text | Fabrikstraße tags | Fabrikstraße Tags | „Fabrikstraße Tags“ | das 1911 erschien | erschienen 1911 | 1911 erschienenen | von Paul Zech | will … sagen | kritisiert | lobt | schildert | Paul Zech | handelt von | handelt über | berichtet über | berichtet von | die moderne Stadt | die Zerstörung der Stadt durch den Krieg | die Entfremdung der Menschen in der Stadt | die Kritiklosigkeit der Menschen | den Verlust der Kritikfähigkeit | die Vereinsamung der Menschen in der industriellen Gesellschaft | die Hässlichkeit moderner Industriebauten

10 Der folgende Hauptteil fasst den Inhalt des Gedichts zusammen.
a Notiere im Heft für jedes ? passende Textstellen mit Angabe des Verses.
b Setze die Zusammenfassung des Inhalts fort. Schreibe ins Heft.
Belege die Ergebnisse deiner Untersuchung mit Zitaten (Vers angeben!).

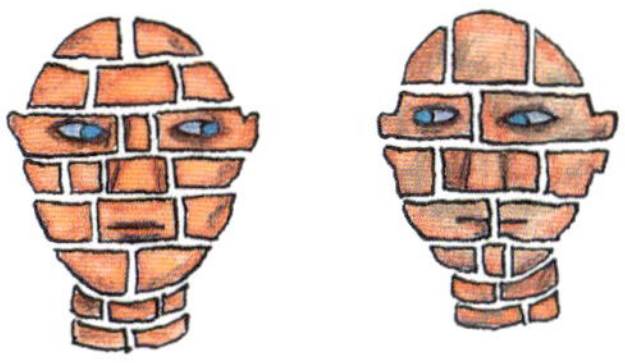

Das Sonett von Paul Zech schildert einen Gang durch eine Industriestraße am Tage. Der Eindruck wird geprägt durch geschlossene Mauerreihen ? , die weder durch Spuren der Natur ? noch durch Einblick gewährende Fenster ? unterbrochen werden. Die Begegnung mit Menschen wird als Bedrohung empfunden ? ; die soziale Kälte wird durch den kalten Blick ? und den sichtbaren Atem ? verdeutlicht. …

11 Fasse zum Schluss die Gesamtaussage des Gedichts zusammen oder beschreibe, wie es dir gefällt. Wähle einen Satzanfang aus und ergänze ihn im Heft.

Zusammenfassend kann man sagen, dass das Sonett … | Insgesamt wirkt das Sonett auf den Leser … | Das Gedicht hat mich (nicht) angesprochen, weil … | Mir gefällt das Gedicht (nicht), da …

12 Verfasse im Heft eine vollständige Gedichtinterpretation.

13 Erstelle mithilfe des Schreibplans im Merkkasten eine Checkliste und überprüfe anhand dieser deinen Text. Beginne so:

Enthält die Einleitung die Textart, den Titel, den Namen der Verfasserin / des Verfassers, das Entstehungsjahr und das Thema des Textes?

Eine Dramenszene analysieren und interpretieren

Methode Leitfragen für die Dramenanalyse

1 Stellung der Szene im Handlungsverlauf (sofern das gesamte Drama bekannt ist)
- Wo steht die Szene, was ist ihr vorausgegangen, was folgt ihr?

2 Inhalt und Thema der Szene
- Was geschieht in der Szene und im Verlauf des Gesprächs? Welche Figuren treten auf?

3 Figuren- und Gesprächsanalyse
- Wie stehen die auftretenden Figuren zueinander? **(Figurenkonstellation)**
- Welche offensichtlichen und/oder verborgenen **Absichten** verfolgen die Figuren?
- Wie verhalten sich die Figuren? Verändert sich ihr **Verhalten** im Laufe des Gesprächs?
- Welche **Gedanken und Gefühle** werden deutlich? Achte z. B. auch auf Regieanweisungen.
- Wie sind die **Redeanteile** der Figuren verteilt? Wer ergreift die Initiative, wer reagiert?
- Welche **Sprache** verwendet jede Figur (Sprachstil, Wortwahl, Andeutungen, Argumente etc.)?
- Welche **sprachlichen Mittel** gibt es (z. B.: rhetorische Fragen, Wiederholungen, Übertreibungen)?
- Welche Rolle spielen die **Regieanweisungen**?

Schritt 1: Die Dramenszene verstehen

1 Lies die folgende Szene aus William Shakespeares Drama „Romeo und Julia".

Verona: Zwei Familien im Streit

Der Schauplatz von „Romeo und Julia" ist die Stadt Verona in Italien. Die Handlung spielt um 1300. Im Mittelpunkt stehen zwei junge Liebende, deren adlige Familien, die Montagues und die Capulets, seit Generationen verfeindet sind. Bevor Romeo Montague und Julia Capulet zum ersten Mal aufeinandertreffen, führt die Exposition des Dramas in den Ort des Geschehens ein und stellt wichtige Figuren vor.

Zu Beginn des 1. Akts (1. Szene) geraten auf einem großen Platz in Verona einige Mitglieder der verfeindeten Familien in einen heftigen Streit, den sie sogar mit Waffen austragen. Der Fürst von Verona, Prinz Escalus, kommt hinzu und verlangt unter Androhung der Todesstrafe, dass die Familien Frieden halten. Nachdem der Streit beigelegt ist, betritt Romeo den Platz und trifft dort seinen Cousin Benvolio an. Romeo ist zu diesem Zeitpunkt unglücklich in Capulets Nichte Rosaline verliebt. Benvolio versucht, ihn zu trösten.

William Shakespeare
Romeo und Julia *(1597)*

1. Akt, 2. Szene

Eine Straße
Capulet, Graf Paris (Verwandter des Prinzen) und ein Bedienter kommen.

CAPULET: Montague ist genau wie ich vom Fürsten verwarnt worden. Wir würden sonst beide bestraft.
Und so hoffe ich, dass es für uns alte Männer nicht schwer sein wird, Frieden zu halten.
PARIS: Sie haben beide einen guten Ruf.
Zu schade, dass Sie sich schon so lange streiten. – Aber jetzt, Mylord, sprechen wir von etwas anderem:
Was sagen Sie zu meinem Heiratswunsch?
CAPULET: Was ich schon immer gesagt habe:
Meine Tochter hat noch keine Lebenserfahrung,
sie ist ja kaum vierzehn Jahre alt.
Warten Sie noch zwei Jahre, dann ist sie reif genug,
um eine Braut zu werden.
PARIS: Schon jüngere Mädchen als sie sind glückliche Mütter geworden.
CAPULET: Und sind deshalb auch schneller gealtert.
Das Mädchen ist meine einzige Hoffnung geblieben.
Lieber Graf, versuchen Sie, ihr Herz zu erobern.

Wenn sie einverstanden ist, dann werde ich es auch sein. Sie muss sich entscheiden. –
Übrigens, ich veranstalte heute wieder ein Fest.
Dazu habe ich viele liebe Gäste eingeladen,
auch Sie sind mir sehr willkommen.
Schöne Frauen werden dort leuchten wie die Sterne am dunklen Himmel. Meine Tochter wird auch da sein.
Kommen Sie und sehen Sie sich alle an.
(zum Diener:) Lade überall in Verona die Leute ein, deren Namen ich auf diesen Zettel geschrieben habe.
Sag ihnen, mein Haus steht ihnen offen,
Sie können sich bei mir vergnügen.
(Capulet und Paris verlassen die Bühne.)

DIENER: Ich soll die Leute einladen, deren Namen auf diesem Zettel stehen? Mich mit Weibern amüsieren – das könnte ich, aber lesen?
Wie soll ich die Leute alle finden? Ich brauche jemanden, der lesen kann, und zwar bald.
(Benvolio und Romeo treten auf.)

BENVOLIO: Ach, Romeo, ein Feuer vernichtet das andere, ein Schmerz wird durch einen neuen gemildert, ein neues Leid verringert das alte.

ROMEO: Was soll das alles?
Ich bin nicht verrückt, aber ich fühle mich wie ein Verrückter, wie in einer Zwangsjacke,
im Gefängnis eingesperrt, ohne Nahrung,
ausgepeitscht und gefoltert.
(zum Diener:) Grüß dich, Bursche.

DIENER: Ich grüße Sie, Sir. Bitte, Sir, können Sie lesen?

ROMEO: Ja, wenn ich die Buchstaben und die Sprache kenne. Gib den Zettel her, ja, ich kann lesen.
(Er liest den Brief vor.)
„Herr Martino und seine Frau und Töchter – Graf Anselm und seine schönen Schwestern. – Die verwitwete Lady Vitruvio. – Herr Placentio und seine hübschen Nichten. – Mercutio und sein Bruder Valentin. – Mein Onkel, seine Frau und Töchter. – Meine schöne Nichte Rosaline. – Livia. – Herr Valentio und sein Vetter Tybalt. – Lucio und die lebhafte Helena.“ Das ist ja eine schöne Gesellschaft.
Wohin sollen sie denn kommen?

DIENER: Hierher.

ROMEO: Wohin?

Diener: In unser Haus. Zum Abendessen.

Romeo: In wessen Haus?

Diener: Ins Haus meines Herrn. – Mein Herr ist der große, reiche Capulet!
Und wenn Sie kein Montague sind, können Sie auch kommen und ein Glas Wein trinken.
(Diener geht weiter.)

BENVOLIO: Hast du gehört, auch die schöne Rosaline ist auf dem Fest, die du so über alle Maßen liebst. Und noch viele andere Schönheiten sind da.
Geh hin und du kannst dort Rosaline mit ihnen vergleichen, und ich garantiere dir,
dein Schwan wird dir wie eine Krähe vorkommen!

ROMEO: Wenn ich je so falsch empfinden sollte, werden sich meine Tränen in Feuer verwandeln.
Eine andere, schöner als die geliebte Rosaline?
Die Sonne hat seit dem Beginn der Welt noch nie eine schönere Frau gesehen als sie!
Ich komme zu dem Fest – aber nicht, um Rosaline mit anderen zu vergleichen, sondern um mich
an ihrem Glanz zu erfreuen.
(Sie verlassen die Bühne.)

2 a Lies den einleitenden Text und die erste Regieanweisung und markiere Hinweise zur Ausgangssituation.
b Fasse zusammen:

A Wann und wo spielt die Handlung des Dramas?

Das Drama spielt ______________________________

____

B Was erfährst du über die Beziehung zwischen den Capulets und den Montagues?

Die beiden Familien ______________________________

____

C Wer trifft in der 2. Szene des 1. Aktes an welchem Ort aufeinander?

____

____

3 a Lies die Szene (S. 48 f.) erneut und unterteile sie in Sinnabschnitte.
b Trage in die folgende Tabelle für jeden Sinnabschnitt die Zeilen, die handelnden Figuren und den Inhalt ein.

Tipp Um den **Aufbau einer Szene** besser zu verstehen, kannst du den Text in **Sinnabschnitte** unterteilen. Den Beginn eines neuen Sinnabschnitts erkennst du häufig daran, dass andere Figuren auftreten bzw. miteinander ins Gespräch kommen oder dass die Gesprächsthemen wechseln.

Sinnabschnitte	handelnde Figuren	Inhalt des Sinnabschnitts
1 *Z. 1–*	*Capulet, Paris*	
2		
3		
4		
5		
6		

4 a Markiere im Text, was du über die Figuren Capulet und Paris erfährst.
b Schreibe in dein Heft:

Capulet ist … *Paris ist …*

c Gib stichwortartig den Verlauf des Dialogs zwischen Capulet und Paris wieder.

Paris' Absicht:	Capulets Einwand:	Paris' Argument:	Capulets Kompromiss:

Merkwissen Die Exposition

Die Exposition umfasst im klassischen Drama meist den ersten Akt und ist eine Art Einleitung, die in die Handlung einführt. Hier wird der Zuschauer über Zeit und Ort des Geschehens informiert und er lernt die **Hauptfiguren (Protagonisten)** kennen. Gleichzeitig wird der **zentrale Konflikt** des Dramas angekündigt.

5 a Erkläre, was du über die Figuren Benvolio und Romeo erfährst. Gehe auch auf die Beziehung der beiden ein.

b Fasse kurz zusammen, welchen Vorschlag Benvolio Romeo macht und wie er diesen begründet.

6 Formuliere einen Rollenmonolog für Romeo. Überlege, mit welchen Gedanken und Gefühlen er zu dem Fest gehen wird. Schreibe ins Heft, die folgenden Satzanfänge können dir helfen:

Benvolio meint …, aber ich …

Ich freue mich … *Ich frage mich, ob …*

Tipp Ein **Rollenmonolog** kann helfen, eine Figur besser zu verstehen. Dies ist ein Selbstgespräch, in dem die Figur offen und ehrlich über die Gedanken und Gefühle spricht, die sie in der Situation hat.

7 Stelle dir vor, Romeo besucht das Fest der Capulets und trifft dort auf Julia. Skizziere kurz, welcher zentrale Konflikt des Dramas sich aus dieser Situation entwickeln könnte.

Romeo und Julia

8 Julia wird den Grafen Paris auf dem Fest der Capulets kennen lernen. Sie erfährt, dass der Graf um ihre Hand anhalten möchte. Schreibe einen Rollenmonolog: Welche Gedanken und Gefühle bewegen Julia? Schreibe ins Heft, die folgenden Satzanfänge können dir helfen:

Mein Vater sagt, … *Paris ist …*

Ich weiß nicht, … *Schließlich bin ich doch erst …*

Schritt 2: Die Dramenszene schriftlich interpretieren

Methode Schreibplan für die Interpretation einer Dramenszene

Aufbau
In der **Einleitung** nennst du die Art des Textes, den Titel, den Namen der Autorin / des Autors, das Entstehungsjahr bzw. das Jahr der Erstaufführung, die Szene und das Thema der Szene.
Im **Hauptteil** fasst du die wichtigsten Ergebnisse deiner Analyse in einer geordneten Reihenfolge zusammen: Gib kurz den Inhalt der Szene wieder und ordne sie in den Handlungszusammenhang des Dramas ein.
Lege die Analyseergebnisse zu den Figuren dar (Verhalten, Beziehungen, Redeanteile, Sprache und sprachliche Mittel) und deute sie. Belege deine Aussagen durch Zitate.
Ziehe zum **Schluss** ein Fazit, beurteile die Szene oder bewerte das Verhalten einer Figur.

1 a Welche Formulierung fasst das Thema der Szene (S. 48 f.) am besten zusammen? Kreuze an.

☐ **A** Die Rolle der Frau und die Bedeutung ihrer Schönheit
☐ **B** Paris' Wunsch, Julia zu heiraten, und das bevorstehende Fest bei den Capulets
☐ **C** Probleme eines Analphabeten im 14. Jahrhundert
☐ **D** Die Versöhnung zweier Familien durch das Eingreifen des Fürsten

b Formuliere die folgende Einleitung vollständig aus.

Die ______ Szene aus dem ______ Akt des Dramas „__________________" von

__________________ aus dem Jahr __________ beinhaltet zwei wichtige

Themen: ____

____

2 Bereite das Schreiben des Hauptteils vor, indem du dir alle wichtigen Aspekte notierst.
Nimm das Methodenwissen oben zu Hilfe und beziehe deine Arbeitsergebnisse von S. 50 f. mit ein.
Schreibe ins Heft.

Capulet und Paris: Capulet, Oberhaupt der Familie Capulet, alter Mann …
Rolle des Dieners: …
Benvolio und Romeo: …

Methode Richtig zitieren: Redewiedergabe

Die Figurenrede kann wiedergegeben werden als
- **wörtliches** (direktes) **Zitat**, z. B.:
  Capulet: „Meine Tochter hat noch keine Lebenserfahrung, sie ist ja kaum 14 Jahre alt" (Z. 13 f.).
  Beachte die Anführungszeichen, setze eckige Klammern bei Auslassungen oder Veränderungen, z. B.:
  Capulet: „Meine Tochter hat noch keine Lebenserfahrung, […]. Warten Sie noch zwei Jahre, dann ist sie reif genug, um eine Braut zu werden" (Z. 13–16). (Schlusspunkt nach Zeilenangabe)
- **indirekte Rede mit Konjunktiv** (→ S. 60–62), z. B.:
  Paris erwidert, schon jüngere Mädchen als sie seien glückliche Mütter geworden" (vgl. Z. 17 f.).
- **sinngemäßes** (indirektes) **Zitat**, Wiedergabe mit eigenen Worten, z. B.:
  Graf Paris hält bei Capulet um Julias Hand an (vgl. Z. 11–18).

3 Belege im Hauptteil die folgenden Aussagen A bis C (→ S. 49) mit den vorgegebenen Zitaten. Formuliere die Sätze entsprechend aus und zitiere, wie im Methodenwissen vorgegeben, z. B.:

„dass es für uns alte Männer nicht schwer sein wird, Frieden zu halten." (Z. 6 f.) — wörtliches Zitat

Capulet hält es für möglich, in Zukunft ohne Streit mit den Montagues auszukommen, und hofft, „dass es für uns alte Männer [den alten Montague und ihn] nicht schwer sein wird, Frieden zu halten" (Z. 6 f.).

A Capulet versucht Paris von dem Antrag abzulenken. „Übrigens, ich veranstalte heute wieder ein Fest." (Z. 24) — wörtliche Rede

____

____

B Benvolio will Romeo davon überzeugen, dass er sich eine neue Frau zum Anhimmeln suchen soll. „ein Feuer vernichtet das andere, ein Schmerz wird durch einen neuen gemildert, ein neues Leid verringert das alte." (Z. 41–43) — Paraphrase

____

____

C Romeo glaubt nicht, Rosaline so schnell vergessen zu können. „Wenn ich so falsch empfinden sollte, werden sich meine Tränen in Feuer verwandeln." (Z. 78 f.) — indirekte Rede

____

____

4 a Erarbeite den Schluss. Die folgenden Fragen helfen dir, ein Fazit vorzubereiten. Kreuze an.
b Wähle für den Schluss eine der Fragen aus und begründe deine Antwort unten.

	ja	nein
A Wurden Frauen damals anders gesehen als heute?	☐	☐
B Wird sich der Konflikt zwischen den Familien zuspitzen?	☐	☐
C Ist Romeo so, wie du dir einen Mann vorstellst/wünschst?	☐	☐

In der Szene wird deutlich / deutet sich an ______________________________

____

5 Verfasse im Heft eine vollständige Interpretation der Dramenszene.

●●●6 Formuliere den Schreibplan im Methodenkasten auf S. 52 in Fragen für eine Checkliste zur Textüberarbeitung um, z. B.:

Ist die Einleitung vollständig? Enthält sie …

Schreibe ins Heft und nutze die Checkliste anschließend, um deine Interpretation zu überarbeiten.

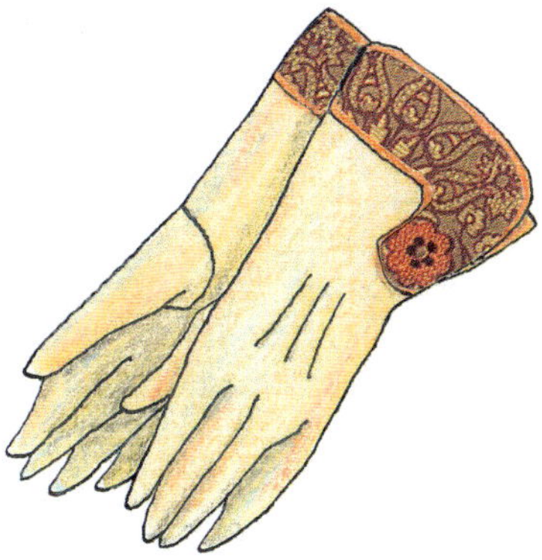

Was kannst du schon?
Grammatik

1 a Unterstreiche in den folgenden Sätzen alle Präpositionen. (7 Punkte)
b Markiere Nomen im Genitiv grün, Nomen im Dativ blau und Nomen im Akkusativ gelb. (12 Punkte)

Gut zu wissen!

Nicht nur für den Umgang mit dem Essbesteck gibt es Tischregeln. Auch das Gespräch bei Tisch unterliegt bestimmten Konventionen. Dass man während des Essens seinen Tischnachbarn keinen Einblick in die voranschreitende Zermalmung der Nahrung durch den Kauapparat zumuten sollte, besagt die Regel: „Mit vollem Munde spricht man nicht!"

2 a Bestimme das Tempus der unterstrichenen Verben. (6 Punkte)

Nachdem er sich eine Weile mit seiner hübschen Tischnachbarin 1 unterhalten hatte, 2 gefiel ihm das

1 = ______________________ 2 = ______________________

Familientreffen gleich viel besser. Während er jetzt nach Hause 3 geht, 4 denkt er bei sich:

3 = ______________________ 4 = ______________________

„Gut, dass wir unsere Handy-Nummern 5 ausgetauscht haben. Morgen 6 werde ich sie anrufen."

5 = ______________________ 6 = ______________________

b Trage in jedem Satz das vorgegebene Verb im richtigen Tempus ein. (2 Punkte)

A Nachdem ich die SMS abschicken ______________________, überkamen mich Zweifel.

B Aber während ich die Antwort lesen ______________________, lösten sich diese Zweifel sogleich auf.

3 Kreuze für die unterstrichenen Verben an:
Indikativ, Konjunktiv I oder Konjunktiv II? (4 Punkte)

	Indikativ	Konjunktiv I	Konjunktiv II
A Die Mutter erklärt Karina, sie finde ihr Verhalten unhöflich.	☐	☐	☐
B Karina hatte nämlich beim Abendessen zum Handy gegriffen.	☐	☐	☐
C Sie erwarte aber doch eine wichtige Nachricht, erklärt Karina.	☐	☐	☐
D „Könntest du dann bitte in dein Zimmer gehen?", bittet ihre Mutter.	☐	☐	☐

4 Forme Satz A ins Passiv und Satz B ins Aktiv um. (2 Punkte)

A Der Redner ignorierte das störende Handyklingeln.

____

B Die junge Frau wurde vom Saaldiener gebeten, das Handy auszuschalten.

____

5 a Unterstreiche in jedem Satzgefüge den Nebensatz. (3 Punkte)
b Setze die fehlenden Kommas an die richtige Stelle. (4 Punkte)
c Kreuze jeweils an, um welche Art von Nebensatz es sich handelt. (3 Punkte)

Stilsicher bewerben

A Einem Aushang in Ihrer Boutique in der Prager Straße in Dresden habe ich entnommen dass Sie einen Ausbildungsplatz für Modedesign anbieten.

☐ Relativsatz ☐ Subjektsatz ☐ Objektsatz

B Da ich selbst sehr modebewusst bin und gern zeichne und male bewerbe ich mich um diesen Ausbildungsplatz.

☐ Modalsatz ☐ Kausalsatz ☐ Konditionalsatz

C Die Art von Kleidung die Sie in Ihren Modeläden anbieten entspricht genau meinem Stil.

☐ Subjektsatz ☐ Relativsatz ☐ Modalsatz

6 a Unterstreiche in den folgenden Nebensätzen die finite Verbform. (4 Punkte)
b Füge je eine der folgenden Konjunktionen passend ein. (4 Punkte)

indem | weil | obwohl | nachdem

c Ergänze die fehlenden Kommas. (4 Punkte)

A ____________________ diese Kleidung für ein Vorstellungsgespräch ungewöhnlich war kombinierte Charles Parseval sein gelbes Lieblingshemd mit der leuchtend grünen Hose.

B Er wollte seine Individualität betonen ____________________ er sich für etwas Auffallendes entschied.

C Außerdem hatte er dieses Outfit gewählt ____________________ er sich darin besonders wohlfühlte.

D ____________________ Charles Parseval die Werbeagentur betreten hatte erstarrte er: Alle anderen Bewerberinnen und Bewerber trugen Schwarz.

7 Kreuze für jeden unterstrichenen Gliedsatz an: Infinitivgruppe oder Partizipgruppe? (4 Punkte)

	Infinitivgruppe	Partizipgruppe
A Eine meiner besonderen Begabungen ist es, grafische Muster zu entwerfen.	☐	☐
B Dieser Bewerbung einige Entwürfe beilegend hoffe ich auf Ihr Interesse.	☐	☐
C Meinen Lebenslauf lege ich (,) wie gewünscht (,) handgeschrieben bei.	☐	☐
D Über die Möglichkeit, in einem persönlichen Gespräch Genaueres über die Anforderungen der Ausbildung zu erfahren, würde ich mich freuen.	☐	☐

8 a Überprüfe deine Lösungen mithilfe des Lösungshefts. Für jede richtige Antwort bekommst du einen Punkt.
b Trage ein, wie du die Aufgaben bewältigt hast: ✓ = das Meiste richtig ? = noch etwas unsicher

Aufgabe	1 ☐	2 ☐	3 ☐	4 ☐	5 ☐	6 ☐	7 ☐
Weitere Übungen	S. 56	S. 57	S. 58–62	S. 63	S. 68–73	S. 68–70	S. 72

Nomen und Pronomen: Der Kasus nach Präpositionen

Merkwissen Nach Präpositionen auf den Kasus achten

Die Präposition legt fest, in welchem Kasus das folgende Wort oder die folgende Wortgruppe (meist ein Nomen/Substantiv mit Nomenbegleiter/-n) stehen muss, z. B.:

- **Präpositionen mit Akkusativ:** *bis, durch, für, gegen, ohne, um, wider,* z. B.: *Er verstößt gegen die Regeln.*
- **Präpositionen mit Dativ:** *ab, aus, bei, dank, gegenüber, mit, nach, nahe, seit, von, zu,* z. B.: *Bei gutem Benehmen winkt Anerkennung.*
- **Präpositionen mit zwei Kasus (Dativ oder Akkusativ):** Einige Präpositionen stehen je nach Bedeutung mit dem Dativ oder dem Akkusativ, z. B.: *an, auf, hinter, in, neben, über, unter, vor, zwischen.*
  - Frageprobe: Bei *Wo …?* steht der Dativ, z. B.: *Ich bin im (in dem) Laden.*
  - Frageprobe: Bei *Wohin …?* steht der Akkusativ, z. B.: *Ich gehe in den Laden.*
- **Präpositionen mit Genitiv:** *anstatt, aufgrund, dank, mittels, seitens, statt, trotz, während, wegen, zwecks,* z. B.: *Aufgrund seines unverschämten Verhaltens musste er das Geschäft verlassen.*

1 a Unterstreiche in den folgenden Sätzen jeweils die Präposition.
b Kreuze an, in welchem Kasus das Nomen steht, das der Präposition folgt.

	Präposition + Akkusativ	Dativ	Genitiv
A Bitte lassen Sie die Sachen nach der Anprobe nicht einfach liegen!	☐	☐	☐
B Werfen Sie das Obst bitte nicht einfach auf den Boden!	☐	☐	☐
C Ihr Kind soll bitte die weiße Wäsche nicht mit seinen Schoko-Fingern anfassen.	☐	☐	☐
D Trotz unserer Hinweise haben Sie sich selbstständig bedient.	☐	☐	☐
E Für den Schaden werden Sie aufkommen müssen.	☐	☐	☐
F Ihr Hund darf hier nicht ohne Leine herumlaufen.	☐	☐	☐

2 Kläre mithilfe der Frageprobe für jedes hervorgehobene Nomen den Kasus. Notiere die Frageprobe und den Kasus unter jeden Satz und trage das Nomen (mit Artikel) oder das Pronomen ein.

Warteschlange an der Kasse

A Bitte stellen Sie sich an + Ende *an das Ende* der Schlange.

W *stellen Sie sich? → Kasus:* ____________________

B Entschuldigung, treten Sie bitte meinem Dackel nicht auf + Pfoten ____________________!

____

C Könnten Sie sich mit dem Kleingeld beeilen – hinter + Sie ____________________ warten noch viele!

____

D Neben + Restpostenständer ____________________ gibt es noch eine Kasse.

____

Rund ums Verb

Die Tempora im Blick haben

Merkwissen Wiedergabe von Vorzeitigkeit: Auf die Tempora achten

Zur Wiedergabe von Vorzeitigkeit gibt es verschiedene Möglichkeiten, je nachdem, welches Tempus im Hauptsatz verwendet wird.

- **Präsens ⟶ Perfekt:**
  Ich kaufe mir eine neue Kinokarte, nachdem ich die Karte nicht gefunden habe.
- **Präteritum ⟶ Plusquamperfekt:**
  Ich kaufte mir den Knigge, nachdem ich einen Zeitungsartikel darüber gelesen hatte.

1 a Füge im folgenden Text die markierten Infinitive im richtigen Tempus ein.
b Vorzeitigkeit, Gleichzeitigkeit oder Nachzeitigkeit? Trage die Buchstaben der Temporalsätze passend ein.

Vorzeitigkeit: ☐ ☐ Gleichzeitigkeit: ☐ ☐ Nachzeitigkeit: ☐

Briefe von Oma: So war es früher

A Meine Großmutter *beschreibt* beschreiben mir oft, wie es in ihrer Jugend ________ sein. Ich ________ haben dann meist den Eindruck, dass sich nicht viel ________ ändern! **B** „Wenn ich mit Freundinnen zum Tanz ________ gehen", notierte Oma neulich, „________ kleiden ich mich gern chic. **C** Aber der Ausschnitt am Kleid ________ dürfen nicht zu tief sein, damit Mutter mich gehen ________ lassen. **D** Sie ________ verbieten mir mehrfach sogar auszugehen, weil ich mich ________ schminken. **E** Aber noch bevor wir um die nächste Ecke ________ biegen, ________ geben mir meine Freundin ihren Lippenstift."

●●●2 a In jedem Satzgefüge ist eine Tempusform falsch.
Schreibe die Sätze korrekt in dein Heft.
b Verbinde jeden der Sätze mit der dazu passenden Zeitenfolge.

VORSICHT, FEHLER!

A Nachdem die Großeltern sich vorstellten, gingen sie gleich zum Du über.

B Bevor sie zusammen ausgingen, stellt Großvater sich Großmutters Eltern vor.

C Als der junge Mann sich höflich verbeugte, fallen ihm seine ungeputzten Schuhe auf.

a Vorzeitigkeit

b Gleichzeitigkeit

c Nachzeitigkeit

Der Modus der Verben Konjunktiv und Indikativ

Merkwissen Der Konjunktiv II (Irrealis) und die *würde*-Ersatzform

Verben haben einen **Modus** (Aussageweise), der anzeigt, wie wirklich und sicher eine Aussage ist. Wenn man eine Aussage als **unwirklich**, nur vorgestellt, unwahrscheinlich oder gewünscht kennzeichnen möchte, verwendet man den Konjunktiv II. Man bezeichnet den Konjunktiv II daher auch als **Irrealis**.

Bildung des Konjunktivs II
Der Konjunktiv II wird in der Regel **vom Präteritum Indikativ** abgeleitet. Bei unregelmäßigen Verben werden *a, o, u* im Wortstamm zu *ä, ö, ü*, z. B.: (Infinitiv: *tun*) *er tat* ⟶ *er täte*.
Anstelle des Konjunktivs II wird die ***würde*-Ersatzform** verwendet, wenn
- der Konjunktiv II (im Textzusammenhang) **nicht vom Indikativ Präteritum zu unterscheiden** ist, z. B.: *Wir hießen sie willkommen.* ⟶ *Wir würden sie willkommen heißen.*
  Hinweis: Meist ist dies bei Verbformen in der 1. oder der 3. Person Plural der Fall.
- die Konjunktiv II-Form als **ungebräuchlich** oder **unschön** empfunden wird, vor allem im mündlichen Sprachgebrauch, z. B.: *Er empfähle eine Zusage.* ⟶ *Er würde eine Zusage empfehlen.*

1 a Konjunktiv II oder *würde*-Ersatzform? Setze die Verben in der richtigen Form in die Fragen ein.
b Beantworte jede Frage in deinem Heft und verwende dabei den Konjunktiv II oder die *würde*-Ersatzform.

Was wäre, wenn … – Unwahrscheinliche Alltagserlebnisse

A Wie reagieren __________ du __________, wenn dir jemand an den Haaren ziehen __________?

Mögliche Antwort: *Ich bäte ihn / würde ihn bitten, …*

B Was tun __________ du __________, wenn deine Eltern dich auf einmal siezen __________?

C Was antworten __________ du __________, wenn ein älterer Herr dir im Bus seinen Platz anbieten __________?

2 Formuliere die Imperative in höfliche Bitten um und verwende dabei *können, mögen, dürfen* oder *werden* im Konjunktiv II. Schreibe die Bitten in dein Heft.

A Könnten Sie bitte …

Merkwissen Irreale Konditionalgefüge (Bedingungsgefüge)

In einem Satzgefüge stellt der Konditionalsatz (Nebensatz, der meistens mit *wenn* oder *falls* eingeleitet wird) eine Bedingung dar. Die Folge wird im Hauptsatz formuliert.

- Ist die **Bedingung möglich** oder **real**, werden Hauptsatz und Nebensatz im Indikativ formuliert, z. B.: *Wenn ich alle Verhaltensregeln kenne, bin ich ganz entspannt.*
- Ist die **Bedingung unwahrscheinlich** bzw. **irreal**, wird im Hauptsatz und im Nebensatz (Konditionalsatz) der Konjunktiv II (Irrealis) bzw. die *würde*-Ersatzform verwendet, z. B.: *Es gäbe weniger Verstimmungen, wenn sich jeder um mehr Höflichkeit (bemühte) bemühen würde.*

Hinweis: Konditionalgefüge können auch ohne die Konjunktionen *wenn* oder *falls* gebildet werden. Die finite Verbform steht – wie bei der direkten Frage – an erster Stelle, z. B.: *Würde sich jeder um mehr Höflichkeit bemühen, gäbe es weniger Verstimmungen.*

3 a Verbinde die folgenden Hauptsätze zu irrealen Konditionalgefügen. Nutze unterschiedliche Möglichkeiten.

A Der Reisende winkt nicht.	Die Wartenden können ihn nicht erkennen.
B Das Essen schmeckt nicht widerlich.	Ich lasse es nicht stehen.
C Ich habe ein Taschentuch.	Ich wische meine Nase nicht am Ärmel ab.
D Der Kaffee ist nicht so heiß.	Er schlürft ihn nicht lautstark.
E Wir benehmen uns falsch.	Wir merken es an den Reaktionen.
F Du sprichst nicht mit vollem Mund.	Man kann dich besser verstehen.

A Würde der Reisende nicht winken, könnten die Wartenden ihn nicht erkennen. B

b Wandle die irrealen Konditionalgefüge in reale Bedingungsgefüge um. Hebe, wo nötig, die Verneinung auf. Schreibe in dein Heft.

Beispiel: *A Wenn der Reisende winkt, erkennen ihn die Wartenden.*

●●●4 Übersetze die irrealen Konditionalgefüge aus dem Englischen ins Deutsche. Schreibe in dein Heft.

A If he were more polite, everybody would like him.

B If you respected the rules, you wouldn't have so many difficulties.

C If I had arrived in time, I would have got the job.

D If she talked less, she would be more successful.

Der Konjunktiv I in der indirekten Rede

Merkwissen Direkte Rede in indirekter Rede wiedergeben

Äußerungen Dritter kannst du in der indirekten Rede wiedergeben.
Das Verb steht dann im **Konjunktiv I**, z. B.:

- **Direkte Rede:** *Der Deutsche Knigge-Rat sagt: „Gutes Benehmen verbessert die schulische Atmosphäre."*
- **Indirekte Rede mit Konjunktiv I:** *Man sagt, gutes Benehmen verbessere die schulische Atmosphäre.*

Bildung des Konjunktivs I:

Singular		**Plural**	
Indikativ Präsens	**Konjunktiv I**	**Indikativ Präsens**	**Konjunktiv I**
ich empfehl-e	*ich empfehl-e*	*wir empfehl-en*	*wir empfehl-en*
du empfiehl-st	*du empfehl-est*	*ihr empfehl-t*	*ihr empfehl-et*
er/sie/es empfiehl-t	*er/sie/es empfehl-e*	*sie empfehl-en*	*sie empfehl-en*

1 Gib die folgenden Empfehlungen des Deutschen Knigge-Rats für einen „Schüler-Knigge" in indirekter Rede wieder. Verwende den Konjunktiv I und ergänze jeweils einen einleitenden Hauptsatz.

Empfehlung: Bei jedem Zusammentreffen verbindlich grüßen
Dazu der Deutsche Knigge-Rat: „In der Klasse geht die Begrüßung oft im Chaos unter. Das ist schade, denn später im Beruf wird zwingend erwartet, andere mit Respekt und Achtung zu begrüßen. Dabei ist es gleichgültig, wie man zu ihnen steht."

A Der deutsche Knigge-Rat merkt an, in der Klasse gehe ______

______

Empfehlung: Zuverlässig und pünktlich auftreten
Dazu der Deutsche Knigge-Rat: „Sorgloses Verschlafen des Unterrichtsbeginns verärgert nicht nur Lehrer/-innen, sondern auch die Mitschüler/-innen. Es ist sehr rücksichtslos."

B ______

______

Empfehlung: Das Handy beiseitelegen
Dazu der Deutsche Knigge-Rat: „Bei persönlichen Gesprächen ist das Handy die Nervensäge Nummer eins. Es bimmelt und fiept überall in den bizarrsten Klingeltönen herum und raubt den anderen Gesprächsteilnehmern die Geduld. Wir mahnen dringend: Legt eure Handys in persönlichen Gesprächen zur Seite."

C ______

______

______

Merkwissen Ersatzformen für den Konjunktiv I

Wenn der **Konjunktiv I** (im Textzusammenhang) nicht vom Indikativ Präsens zu unterscheiden ist, wird der **Konjunktiv II** oder die *würde*-**Ersatzform** verwendet, z. B.:

Indikativ	**Konjunktiv I**	**Konjunktiv II**	*würde*-**Ersatzform**
Er hebt hervor: „Alle profitieren davon."	*Er hebt hervor, alle profitieren davon.*	*Er hebt hervor, alle profitierten davon.*	*Er hebt hervor, alle würden davon profitieren.*

2 Konjunktiv I, Konjunktiv II oder *würde*-Ersatzform? Setze die folgende Empfehlung des Deutschen Knigge-Rats für einen „Schüler-Knigge" in die indirekte Rede.

Empfehlung: Auf die eigene Sprache achten
Dazu der Deutsche Knigge-Rat: „Primitive Redeweisen fallen vor allem auf den Redner selbst zurück. Sie wirken unsympathisch und abstoßend. Beleidigungen verletzen den anderen. Infolgedessen entstehen die meisten Streitfälle bis hin zur Gewaltanwendung."

3 Markiere in jedem der folgenden Sätze die richtige(n) Verbform(en).
Auf der Website www.knigge-rat.de findet man Verhaltensempfehlungen für Schülerinnen und Schüler. Deren Sinn beschreiben die Vorbemerkungen folgendermaßen:

A Von guten Umgangsformen in der Schule profitieren / profitierten / würden Schüler und Lehrer gleichermaßen profitieren.

B Denn diese tragen / trügen / würden zur Entspannung des Lehrer-Schüler-Verhältnisses bei. / beitragen.

C Nicht zuletzt die Lernatmosphäre verbessere / verbesserte / würde sich spürbar verbessern.

D Gute Umgangsformen drücken / drückten / würden Respekt und Höflichkeit, Toleranz und Wertschätzung aus / ausdrücken und dienen / dienten / würden keinem Selbstzweck dienen, sondern seien / wären / würden wichtig für die Entwicklung sein.

E Gutes Benehmen stärke / stärkte / würde das Selbstvertrauen stärken.

4 Schreibe einen Kommentar zu den Empfehlungen in den Aufgaben 1 bis 3 in dein Heft.
Beziehe dich auf eine Empfehlung und formuliere deine Einwände als reale oder irreale Konditionalgefüge, z. B.:
Grundsätzlich fände ich es gut, …

Merkwissen Tempuswahl in der indirekten Rede

Das Tempus im Nebensatz der indirekten Rede richtet sich nach dem Tempus in der direkten Rede, z. B.:
*Er sagte: „Sie **hat** mir recht **gegeben**."* (Ind. Perfekt) ⟶ *Er sagte, sie **habe** ihm recht **gegeben**.* (Konj. I Perfekt)
*Er sagte: „Sie **wird** mir recht **geben**."* (Ind. Futur) ⟶ *Er sagte, sie **werde** ihm recht **geben**.* (Konj. I Futur)
Beachte: Der Konjunktiv I Perfekt tritt auch für Indikativ Präteritum sowie Plusquamperfekt ein, z. B.:
*Er sagte: „Sie **gab** mir recht."* (Ind. Präteritum) ⟶ *Er sagte, sie **habe** ihm recht **gegeben**.* (Konj. I Perf.)
*Er sagte: „Sie **hatte** mir recht **gegeben**."* (Ind. Plusqu.) ⟶ *Er sagte, sie **habe** ihm recht **gegeben**.* (Konj. I Perf.)

5 a Übertrage jede direkte Rede in die indirekte Rede. Notiere die richtige Tempusform im Konjunktiv.
b Kreuze an, um welche Tempusform es sich jeweils handelt.

Indikativ Ich sagte:	**Umformung in die indirekte Rede** Ich sagte,	**Konjunktiv I** Präsens	 Perfekt	 Futur	**Konjunktiv II**
„Es schneite."	… es habe geschneit.	☐	☒	☐	☐
A „Ich schwieg."	______	☐	☐	☐	☐
B „Ihr werdet lachen."	______	☐	☐	☐	☐
C „Sie hatte gesungen."	______	☐	☐	☐	☐
D „Sie haben gestritten."	______	☐	☐	☐	☐
E „Er kommt."	______	☐	☐	☐	☐
F „Ich bin gefallen."	______	☐	☐	☐	☐

●●●6 Dreimal muss bei Aufgabe 5 der Konjunktiv II verwendet werden. Gib an, wo, und begründe.

In den Sätzen ______ muss der Konjunktiv II verwendet werden, weil ______

______

7 Setze den folgenden Satz in die indirekte Rede.

Die Leiterin des „Fit for life"-Seminars hob hervor: „Höflichkeitsregeln hat es schon immer gegeben, es gibt sie in allen Kulturen und es wird sie auch in Zukunft geben, auch wenn sie sich verändern."

______

______

______

______

Aktiv und Passiv

Merkwissen Aktiv und Passiv

1 In **Aktivsätzen** wird der **Handlungsträger** (Handelnde) betont, z. B.:
Touristen verletzen manchmal unwissentlich landestypische Höflichkeitsregeln.

2 In **Passivsätzen** wird die **Handlung** / der Vorgang betont, z. B.:
Landestypische Höflichkeitsregeln werden manchmal unwissentlich verletzt.
- Im Passivsatz kann der **Handlungsträger** ergänzt werden, z. B.: *Die Regeln werden von Touristen verletzt.*
- Bei der Umwandlung eines Aktivsatzes in einen Passivsatz wird das Akkusativobjekt des Aktivsatzes zum Subjekt des Passivsatzes, z. B.:
Der Bundespräsident begrüßt den Staatsgast. ⟶ *Der Staatsgast wird vom Bundespräsidenten begrüßt.*
Akkusativobjekt → Subjekt

1 a Markiere das Akkusativobjekt in den Aktivsätzen.
b Formuliere die Aktivsätze in Passivsätze um.

Besonderheiten der Nachbarländer entdecken

A Die Deutschen schätzen die Niederlande als besonders entspanntes Urlaubsland.

Die Niederlande werden

B Sie genießen häufig die kleinen, aber wichtigen Unterschiede in der Mentalität.

C Holländer erledigen Einkäufe in der Stadt gern mit dem Fahrrad.

D Beim kleinsten Sonnenstrahl bevölkern sie die zahlreichen Straßencafés.

Methode Abwechslungsreich schreiben: Ersatzformen für das Passiv

In einem Text sind zu viele Passivformen unschön. Verwende Ersatzformen mit aktiven Verbformen, die den Handlungsträger ebenfalls nicht nennen. Statt *„Das Ritual der Begrüßung wird nicht verändert."* z. B.:
- **man-Form:** *Man verändert das Ritual der Begrüßung nicht.*
- ***sein* + Infinitiv mit *zu*:** *Das Ritual der Begrüßung ist nicht zu verändern.*
- ***sich lassen* + Infinitiv:** *Das Ritual der Begrüßung lässt sich nicht verändern.*

2 a Unterstreiche im folgenden Text die Passivformen.
b Formuliere den Text abwechslungsreicher. Verwende auch Ersatzformen und schreibe in dein Heft.

Bei der Begrüßung wird von Franzosen in der Regel „Bonjour!" gesagt. Von Jugendlichen und Bekannten wird das umgangssprachliche „Salut!" benutzt. Eine Freundin wird mit „bises" (Küsschen) auf beide Wangen begrüßt. Ein Mann wird von einem anderen Mann eher per Handschlag begrüßt. Das Begrüßungsritual wird dann mit einem rituellen „Comment allez-vous?" oder „Comment vas-tu?" fortgesetzt. Weniger förmlich wird einfach „Ça va?" gefragt. Damit wird sich aber nicht wirklich nach dem Befinden erkundigt. Entsprechend wird nicht sogleich über die aktuellen Wehwehchen lamentiert. Geantwortet wird vielmehr immer mit „Ça va bien, merci".

Texte überarbeiten: Verbformen prüfen

Tempus, Modus, Aktiv und Passiv

1 In jedem der folgenden Sätze gibt eine der Verbformen die Zeitenfolge nicht richtig wieder. Streiche sie durch und notiere die korrekte Verbform in deinem Heft.

Kurznotizen in der Schülerzeitung: Neuigkeiten aus Italien

Charlotte R., 9c, über den Schüleraustausch in Mailand: **A** Nachdem schon meine Schwester 2014 am Schüleraustausch teilgenommen hat, wusste ich bei meiner Ankunft in der Gastfamilie einiges. **B** Meist hat ein Besucher in Italien „Permesso?“ gefragt, das heißt „Ist es gestattet?“, bevor er eine fremde Wohnung betritt. **C** Sieht man jemanden nach dem ersten Kennenlernen wieder, begrüßte man sich mit „Ciao!“. **D** Ist man befreundet, gab es auch gern einmal ein Küsschen links und rechts – zumindest unter Mädchen.

2 Überprüfe im folgenden Text die Konjunktivformen in der indirekten Rede. Markiere sieben falsche Konjunktivformen und notiere die korrekten Formen in deinem Heft.

Nina W., 9c: **A** Charlie hat erst nach Tagen gesimst, sie wäre gut in Mailand angekommen. **B** Das lässt darauf schließen, dass sie in Mailand sehr beschäftigt ist und Spannendes erlebt. **C** Sie schreibt, gleich am ersten Tag in der Schule hätte sie mitbekommen, dass die Lehrer dort „Professoren“ sein würden, aber nur in der Anrede. **D** Außerdem trinke sie jetzt morgens Cappuccino, obwohl sie zu Hause keinen Kaffee anrührte. **E** Das italienische Frühstück machte ohne die Milch im Kaffee nicht satt genug bis zum Mittagessen. **F** Charlie meint, sie wird nicht oft schreiben, denn die italienischen *Raggazi* kümmerten sich sehr intensiv um sie.

3 a Der folgende Text wirkt wenig abwechslungsreich. Markiere alle Passivformen.
b Tausche einige Passivformen aus und formuliere einen flüssig lesbaren Text.

In Italien wird sehr auf gute Kleidung geachtet. Insbesondere in Kirchen wird erwartet, dass nicht allzu viel nackte Haut gezeigt wird. Aber auch im Museum werden in der Regel von Männern keine kurzen Hosen und von Frauen keine allzu kurzen Röcke getragen. Allerdings werden diese Traditionen zunehmend weniger streng gehandhabt. Insbesondere von jungen Leuten wird die Kleiderordnung deutlich lockerer ausgelegt.

Teste dein Wissen!
Rund ums Verb

1 a Kreuze für jede der folgenden Aussagen an, ob sie richtig oder falsch ist. (5 Punkte)

	richtig	falsch
A In einem irrealen Bedingungsgefüge steht der Konjunktiv II im Hauptsatz und im Nebensatz.	☐	☐
B In der 1. und der 3. Person Plural ist der Konjunktiv I nicht vom Indikativ Präsens zu unterscheiden, dann muss die Ersatzform mit *würde* verwendet werden.	☐	☐
C Auch im Passiv kann ein Konjunktiv gebildet werden.	☐	☐
D Das Tempus im einleitenden Hauptsatz (Redebegleitsatz) bestimmt das Tempus der indirekten Rede (Nebensatz).	☐	☐
E Ein Konjunktiv I Perfekt kann in der indirekten Rede verschiedene Vergangenheitsformen wiedergeben.	☐	☐

b Trage für jeden Satz den Buchstaben der dazu passenden Aussage von Aufgabe 1 a ein. (4 Punkte)

☐ **1** Wäre das Hotel besser gewesen, hätten wir das Essen nicht von Ferne anstarren müssen.

☐ **2** Die Service-Mitarbeiterin meldete, das Buffet werde in Kürze eröffnet.

☐ **3** Sie sagte, es habe eine Verzögerung gegeben, nachdem sich der Chefkoch krank gemeldet habe.

☐ **4** Wir antworteten erleichtert, wir würden dann gern sofort zugreifen.

2 Unterstreiche die Verbformen im Aktiv blau und die Passivformen grün. (11 Punkte)

Vor hundert Jahren wurden Kinder strenger erzogen. Es gab viel striktere Regeln. Wer sie nicht befolgte, wurde bestraft. Die Eltern wurden von ihren Kindern gesiezt. Zur Begrüßung machten Mädchen einen Knicks und Jungen verbeugten sich. Dabei wurde die Kappe vom Kopf gezogen. Bei Tisch wurde nicht geredet. Es wurde erst gegessen, wenn der Vater „Guten Appetit!" gewünscht hatte.

3 Schreibe den folgenden Text ab und verwende darin die unterlegten Verben in der richtigen Form. (6 Punkte)

Kurzbericht über ein Vorstellungsgespräch für ein Praktikum im 5-Sterne-Restaurant

Nachdem erste Fragen besprechen, bitten mich die Restaurant-Chefin an einen Tisch. Sie meinte, ich können doch bestimmt richtig mit dem Besteck umgehen und sollen das nun einfach einmal zeigen. Beim Blick auf den gedeckten Tisch erschrecken ich zuerst, bevor ich mich wieder erinnern: Man nimmt das Besteck immer von außen nach innen in Gebrauch.

Vergleiche deine Ergebnisse mit dem Lösungsheft. Für jede richtige Antwort bekommst du einen Punkt.

☺ 26–21 Punkte	☺ 20–13 Punkte	☹ 12–0 Punkte
Gut gemacht!	Gar nicht schlecht, aber lies dir das Merkwissen auf S. 57–63 noch einmal genau durch.	Arbeite S. 57–63 noch einmal genau durch.

Texte überarbeiten mithilfe von Proben

Methode Umstellprobe, Weglassprobe, Ersatzprobe, Erweiterungsprobe

Die Proben helfen dir, **genauer zu schreiben** und Texte **stilistisch zu verbessern**:
- **Gestalte Satzanfänge abwechslungsreich.** Wende dafür die Umstellprobe an, z. B.: *Mich | reizt | besonders | der Beruf des Anwalts.* ⟶ *Der Beruf des Anwalts …* ⟶ *Besonders reizt mich …*
- **Streiche überflüssige Wörter**, Wiederholungen oder umständliche Formulierungen. Nutze dazu die Weglassprobe, z. B.: *Mich reizt ~~eben gerade~~ besonders der Beruf des Anwalts.*
- **Vermeide Wortwiederholungen** und floskelhafte oder umgangssprachliche Wendungen durch die Ersatzprobe, z. B.: *Mich reizt besonders der Beruf des Anwalts. Der Beruf des Anwalts …* ⟶ *Dieser/Er …*
- **Formuliere genauer** mithilfe der Erweiterungsprobe. Füge einem Satz Objekte, adverbiale Bestimmungen oder Attribute hinzu, z. B.: *Mich reizt besonders der sehr interessante Beruf des Anwalts.*

Ein Bewerbungsschreiben treffend formulieren

1 Vermeide in Bewerbungsschreiben monotone Satzanfänge mit *Ich*.
Wende die Umstellprobe an und notiere jeweils zwei Sätze mit unterschiedlichen Satzanfängen.

A Ich möchte mein zweiwöchiges Berufspraktikum sehr gern in Ihrem Unternehmen absolvieren.

____

____

____

B Ich interessiere mich seit der Teilnahme am Planspiel „Börse" der Stadtbank für den Handel mit Wertpapieren.

____

____

____

2 a Streiche im folgenden Auszug aus einem Bewerbungsschreiben die störenden Wiederholungen durch.
b Wende die Ersatzprobe an und notiere über den Zeilen Verbesserungsvorschläge.

Gern möchte ich mein Betriebspraktikum in der Stadtverwaltung machen, da die Stadtverwaltung für mich ein interessanter künftiger Arbeitgeber ist. Am liebsten würde ich mein Praktikum beim Kulturservice der Stadtverwaltung absolvieren, aber auch andere Bereiche der Stadtverwaltung wären für mich interessant. Ich verspreche mir von einem Praktikum in der Stadtverwaltung gute Einblicke in die organisatorischen Abläufe einer großen Verwaltung und einen Überblick über die unterschiedlichen städtischen Aufgaben, die in der Stadtverwaltung koordiniert werden müssen.

3 Miriam hat eine Rückfrage des Praktikumsbetriebs zu knapp beantwortet. Nutze die Erweiterungsprobe, um mit den unten angebotenen Informationen eine aussagekräftige Antwort zu verfassen.

Der Praktikumsbetrieb bittet um Informationen über Zeitpunkt/Dauer, Inhalte und Betreuung des Praktikums.

Informationen zum Schulpraktikum
- Dauer: zwei Wochen, genauer Zeitpunkt: 01.–12.06.2015
- Praktikumsinhalt: berufstypische Tätigkeiten ohne eigene Verantwortung
- Betreuung: feste/r Ansprechpartner/-in im Unternehmen, Besuch durch Lehrkraft gegen Ende des Praktikums

Ich würde das Praktikum gern in Ihrem Unternehmen absolvieren. Vorgesehen sind unterschiedliche Tätigkeiten. Im Betrieb muss eine Betreuung gegeben sein. Eine Lehrerin wird mich besuchen.

4 Das folgende Bewerbungsschreiben enthält mehrere Fehler. Überarbeite es:

a Trage für jeden Satz ein, welche Proben dir helfen, ihn zu verbessern: Umstellprobe = *U*, Weglassprobe = *W*, Ersatzprobe = *Es*, Erweiterungsprobe = *Ew*.

b Prüfe, ob das Anschreiben die folgenden Informationen enthält. Vermerke, was fehlt.

Alter, Klasse, Schule, Ort | Datum und Zeitraum des Praktikums | Art des Praktikums

c Arbeite im Heft ein verbessertes Bewerbungsschreiben aus.

Tipp Überarbeite Texte **mit einem Stift**: Streiche durch, unterstreiche oder notiere Ideen für Verbesserungen in der Randspalte.

Betreff: Bewerbung um ein Schülerpraktikum

Normaler Text (gemischt)

Sehr geehrte Frau Baumann,

A [*U*] [*Ew*] ich möchte sehr gern das zweiwöchige Berufspraktikum, das √ von unserer Schule durchgeführt wird, in Ihrem Architekturbüro absolvieren. **B** [ ] [ ] Ich bin 16 Jahre alt und ich besuche die Schule. **C** [ ] [ ] Ich interessiere mich sehr für den Beruf der Architektin und würde gern den Alltag einer Architektin näher kennen lernen, um bei meiner Berufsentscheidung sicherer zu werden. **D** [ ] [ ] Meine Lieblingsfächer in der Schule sind je nachdem Mathematik, Kunst und Sport. **E** [ ] [ ] Besonders faszinieren mich eher so schwierige Aufgaben in der Geometrie. **F** [ ] [ ] Im Betrieb meiner Mutter helfe ich seit einigen Jahren immer mal wieder ein bisschen im IT-Bereich aus und bin von daher relativ sicher im Umgang mit dem Computer.

Wann? Wie lange?

Über eine Zusage würde ich mich sehr freuen.

Mit freundlichen Grüßen

Sina Krone

Wiederholung: Nebensätze unterscheiden

Zusammenhänge herstellen mit Adverbialsätzen

Merkwissen Adverbialsätze: Konjunktionen richtig verwenden

Adverbialsätze werden mit einer **unterordnenden Konjunktion** (z. B.: *weil, als, nachdem, damit, obwohl, indem, wenn, falls, sodass*) eingeleitet und durch **Komma** vom Hauptsatz getrennt, z. B.:

*Erst **nachdem** ein Bewerbungsschreiben sorgfältig überarbeitet wurde, sollte es abgeschickt werden.*
Adverbialsatz drückt einen Zeitpunkt aus (temporal)

*Ich mache mir meine Stärken bewusst, **damit** ich die Bewerbung überzeugend ausarbeiten kann.*
Adverbialsatz drückt eine Absicht aus (final)

Die **Frageprobe** hilft, den logischen Zusammenhang zu klären und die richtige Konjunktion auszuwählen.

1 Trage zu jeder Art von Adverbialsatz die richtige Frageprobe ein.

Art des Adverbialsatzes	Frageprobe	Konjunktionen
Kausalsatz (Grund, Ursache)	Warum?	*da, weil*
Konditionalsatz (Bedingung)		*wenn, falls, sofern*
Finalsatz (Ziel, Absicht)		*damit, dass*
Konsekutivsatz (Folge, Wirkung)		*sodass (auch: so …, dass)*
Konzessivsatz (Einräumung)		*obwohl, obgleich, auch wenn*
Temporalsatz (Zeitpunkt/-dauer)		*nachdem, als, während, bis, bevor, solange, sobald*
Modalsatz (Art und Weise)		*indem, als ob*
Adversativsatz (Gegenüberstellung)		*wohingegen, während*

2 In den folgenden Satzgefügen fehlen die Verknüpfungen. Nutze die Frageprobe, um passende Konjunktionen auszuwählen, und trage diese ein.

Auf dem Weg zur Berufswahl: Sich um ein Praktikum bewerben

__________ du schon immer wusstest, was du werden möchtest, ist die Wahl eines Ausbildungsplatzes natürlich einfach. Im Laufe der Schulzeit lernt man aber wenige Berufe wirklich kennen, __________ es für viele Schülerinnen und Schüler fraglich ist, was sie interessieren könnte. __________ ein Praktikum auch Freizeit kostet, ermöglicht es wertvolle Erfahrungen. Einen ersten Überblick über mögliche Berufsfelder kann man sich erschließen, __________ man Broschüren oder Erfahrungsberichte Dritter auswertet.

Methode Texte überarbeiten: Verbstellung in Nebensätzen prüfen (1)

Nebensätze können hinter oder vor einem Hauptsatz stehen, aber auch eingebettet sein.
Im Nebensatz steht die **finite Verbform** immer **an letzter Satzgliedstelle**, z. B.:
Ich lasse mich bei der Berufswahl gern beraten, weil ich gar nicht alle Berufe kenne.
Weil die Erwachsenen in meinem Umfeld sehr unterschiedliche Berufe ausüben, können sie Tipps geben.
Mancher Praxisbericht öffnet, weil er wirklich interessant ist, neue Perspektiven für mich selbst.
Achtung, falsch: *Ich lasse mich gern beraten, weil ich kenne ja gar nicht alle Berufe.*

3 Verbinde die folgenden Aussagen und schreibe die kausalen Satzgefüge auf.

A Ich möchte eine Ausbildung zum Tischler machen. Ich stelle gern etwas Schönes aus Holz her.

B Ich interessiere mich für den Ausbildungsplatz als Industriekauffrau. Mein Vater sagt mir immer, dass ich gut organisieren kann.

C Ich bewerbe mich als Zahnarzthelferin. Mein Praktikum in der Zahnarztpraxis hat mir sehr gut gefallen.

4 Prüfe für jedes der folgenden Satzgefüge, ob der Nebensatz mit *weil* sinnvoll verknüpft ist.
a Schreibe die Frageprobe in die Randspalte. Ist *weil* die dazu passende Konjunktion?
b Notiere, falls *weil* nicht passt, die besser geeignete Konjunktion.

Ich suche einen technisch innovativen Beruf, ~~weil~~ ich mich später weiterentwickeln kann. — Mit welcher Absicht? damit

A Ich bewerbe mich um einen Praktikumsplatz in einer Kita, weil ich wenig Erfahrung mit kleinen Kindern habe.

B Bevorzugt möchte ich mein Praktikum in einem Theater durchführen, weil mich die Welt der Bühne fasziniert.

C Könnte ich mein Praktikum in die Ferien hinein verlängern, weil es eine sinnvolle längere Einsatzmöglichkeit gibt?

5 a Verbinde die folgenden Sätze zu sinnvollen Satzgefügen. Wende die Frageprobe an.
b Wähle die richtige Konjunktion und schreibe das Satzgefüge auf. Achte auf die Kommasetzung.

Gesucht: Traumberuf

A Viele junge Menschen informieren sich über die Zukunftschancen eines Berufs.	*Mit welcher Absicht?* ←→	Sie wollen nach der Ausbildung nicht arbeitslos sein.
B Schülerinnen und Schüler kennen ihre Noten.	←→	Sie können ihre Fähigkeiten schlecht einschätzen.
C Berufliche Kompetenzen stimmen kaum mit den Schulfächern überein.	←→	Ein Blick auf das letzte Zeugnis gibt wenig Aufschluss für die Berufswahl.
D Arbeitgeber achten eher auf die Persönlichkeit eines Bewerbers.	←→	Eine Schulnote bewertet eher das fachliche Wissen.

Methode Texte überarbeiten: Verbstellung in Nebensätzen prüfen (2)

Vermeide falsche Satzverknüpfungen:
- Die Konjunktionen *obwohl* und *weil* leiten in einem Satzgefüge **Nebensätze** ein, die **finite Verbform** steht an **letzter Satzgliedstelle**.
- Die Konjunktionaladverbien *trotzdem* und *denn* leiten in einer Satzreihe/Satzverbindung **Hauptsätze** ein, die **finite Verbform** steht an **zweiter Satzgliedstelle**.

6 Verbinde die folgenden Sätze je nach angebotener Verknüpfung zu Satzgefügen bzw. Satzreihen. Schreibe die Sätze auf, beachte die Kommasetzung und unterstreiche jeweils die finite Verbform.

A Viele Schülerinnen und Schüler informieren sich vor der Berufswahl genau.
Nicht wenige sind von den tatsächlichen Anforderungen im Beruf überrascht.

obwohl ______________________________

____

trotzdem ______________________________

____

B Eine gute Ausbildung ist wichtig. Man lernt alles für den Beruf Notwendige in Theorie und Praxis.

denn ______________________________

____

weil ______________________________

____

Subjekt- und Objektsätze: Nebensätze als Satzglieder

Methode Leserfreundlich schreiben mit Subjekt- und Objektsätzen

Subjektsätze und **Objektsätze** sind Gliedsätze, weil sie für den Hauptsatz die **Rolle des Subjekts bzw. des Objekts** übernehmen. Sie lassen sich wie das Subjekt oder das Objekt durch die Frageprobe ermitteln:

- Subjektsatz: *Wer über mindestens gute Mathematikkenntnisse verfügt, kann sich bewerben.*
  Wer (was) kann sich bewerben?
- Objektsatz: *Sie erfahren bei unserem Ausbildungsbeauftragten, was Sie zusätzlich wissen möchten.*
  Wen (was) erfahren Sie?

Subjekt- und Objektsatz sind Nebensätze und werden **immer** durch ein **Komma** vom Hauptsatz abgetrennt.

1 a Unterstreiche in den folgenden Satzgefügen den Gliedsatz.
b Führe die Frageprobe durch und trage ein: Subjektsatz *S* oder Objektsatz *O*.

Chancen nutzen: Einen fabelhaften Ausbildungsplatz bekommen

A Was wir an Ausbildungschancen bereitstellen, geht weit über das Übliche hinaus.

Frageprobe: *Wer (was)* ____ ☐

B Wir bieten Ihnen, wovon andere nur träumen können.

Frageprobe: ____ ☐

C Wer Fleiß und Offenheit für Neues mitbringt, wird in unserem Unternehmen Karrierechancen bekommen.

Frageprobe: ____ ☐

D Zeigen Sie uns, dass Sie die oder der Richtige für uns sind!

Frageprobe: ____ ☐

2 Nominalisierungen lassen die folgenden Sätze etwas umständlich wirken. Formuliere leserfreundlich und wandle die unterstrichenen Satzglieder in Subjekt- oder Objektsätze um. Schreibe die umformulierten Sätze auf und achte auf die Kommasetzung.

A Erfahrene Ausbilder berücksichtigen die Nervosität der Bewerber und deren erleichterte Reaktion auf ein freundliches Lächeln.

____

____

B Informationen über die Gründe für das Nicht-Eingeladen-Werden zum Vorstellungsgespräch oder das Nicht-Bestehen des Auswahltests erhalten Bewerber nur selten.

____

____

Infinitiv- und Partizipgruppen

Merkwissen Die Infinitivgruppe

Obwohl **Infinitivgruppen** kein finites Verb besitzen, können sie im Satz die **Funktion von Nebensätzen** übernehmen, z. B. die Stelle von Subjekt-, Objekt- oder Adverbialsätzen.
Eine Infinitivgruppe besteht aus einem Infinitiv mit *zu* und mindestens einem weiteren Wort, z. B. :
*Das Bewerbungsschreiben hat die Funktion, Interesse an der eigenen Person **zu wecken**.*
Infinitivgruppen **darf** man immer durch **Komma** vom Hauptsatz trennen. Ein **Komma muss** stehen,
- wenn die Infinitivgruppe durch *um, statt, anstatt, außer, als, ohne* eingeleitet wird, z. B.: *Niemand sollte je eine Bewerbung abschicken, **ohne** die Rechtschreibung überprüft **zu haben**.*
- wenn die Infinitivgruppe von einem **Nomen/Substantiv** oder von einem **hinweisenden Wort** (z. B.: *daran, darauf, es*) abhängt, z. B.: *Bewerber sollten **darauf** achten, das Anschreiben ausreichend **zu frankieren**.*

1 a Markiere in den folgenden Sätzen die Infinitivgruppen, einige enthalten zwei. Unterstreiche den Hauptsatz.
b Setze die sechs fehlenden Kommas.

VORSICHT, FEHLER!

Der Schlüssel zum Erfolg: Eine gute Bewerbung

Anstatt die gleiche Bewerbung mehrfach zu verwenden verspricht es mehr Erfolg jedes Schreiben genau an die Erwartungen des Empfängers anzupassen. Eine Bewerbung zu verfassen ohne den Web-Auftritt eines Unternehmens zu kennen ist meist vergebliche Mühe. Um geeignete Bewerbungen herauszufiltern sortieren Personalverantwortliche unpersönliche Standardschreiben aus. Zum guten Stil gehört es den Namen des Ansprechpartners zu nennen und ihn fehlerfrei zu schreiben.

Merkwissen Die Partizipgruppe

Obwohl **Partizipgruppen** kein finites Verb besitzen, können sie im Satz die **Funktion von Nebensätzen** übernehmen. Gebildet werden sie mit einem Partizip I (Partizip Präsens, z. B.: *gehend*) oder mit einem Partizip II (Partizip Präteritum, z. B.: *gegangen*). Die Partizipgruppe **bezieht sich auf das Subjekt des Hauptsatzes**, z. B.: *Beeindruckt von Ihren Noten (,) laden **wir** Sie zu einem Gespräch ein.*
Partizipialsätze **darf** man immer durch **Komma** vom Hauptsatz trennen.

2 a Unterstreiche in den folgenden Sätzen die Partizipgruppe.
b Formuliere jeden Satz zu einem Satzgefüge um.

Tipp Partizipgruppen wirken oft etwas umständlich. Formuliere leserfreundlicher, indem du sie in einen Nebensatz umwandelst, z. B.: *Die Lücken in Ihrem Lebenslauf betreffend (,) haben wir noch einige Fragen zur Bewerbung.* ⟶ *Weil Ihr Lebenslauf Lücken aufweist, …*

A Auf Ihre Zustimmung zum Termin hoffend(,) schicken wir Ihnen vorab eine Anfahrtsbeschreibung zu.

____

____

____

B Den Ausbildungsvertrag senden Sie bitte(,) sorgfältig gelesen und unterschrieben(,) an die Personalabteilung.

____

Relativsätze: Attribute in Form von Nebensätzen

Methode Etwas näher erklären mit einem Relativsatz (auch: Attributsatz)

Relativsätze sind Nebensätze, die ein vorausgehendes Bezugswort (Nomen oder Pronomen) näher erklären. Sie werden mit einem **Relativpronomen** eingeleitet, z. B.: *der, die, das* oder *welcher, welche, welches*.
Ein Relativsatz wird **immer** durch ein **Komma** vom Hauptsatz getrennt. Eingeschobene Relativsätze werden durch zwei Kommas abgetrennt, z. B.: *Eine Bewerbung, die viele Kommafehler enthält, wird keinen Erfolg haben.*
Relativsätze nehmen im Satz die Rolle eines Attributs ein und werden deshalb auch **Attributsätze** genannt.

1 Bilde aus den Hauptsätzen jeweils ein Satzgefüge mit Relativsatz. Schreibe es auf und beachte die Kommasetzung.

Persönliche Stärken hervorheben

A Meine Schullaufbahn werde ich mit der Allgemeinen Hochschulreife beenden. Ich habe meine Schullaufbahn durch Überspringen der Klasse 7 verkürzt.

Meine Schullaufbahn, die ich ______________________

____

B Im Fach Französisch werde ich die DELF-Prüfung ablegen. Die Prüfung werde ich voraussichtlich mit dem Zertifikat B1 abschließen.

____

____

C Im Informatikkurs habe ich Grundkenntnisse in der IT-Anwendung erworben. Sie umfassen neben Programmen zur Textverarbeitung auch die Tabellenkalkulation.

____

____

2 a Unterstreiche in den folgenden Satzgefügen die Relativsätze.
b Setze die fehlenden Kommas.

VORSICHT, FEHLER!

Die Teilnahme an Austauschprogrammen die in der Mittelstufe stattfanden hat mein Interesse an einem multinationalen Berufsumfeld gestärkt. Im Kontakt mit den Gastfamilien habe ich Offenheit und Flexibilität gewonnen welche ich gern in eine Ausbildung einbringen würde. Über eine Ausbildungsphase die mich in eine Ihrer internationalen Niederlassungen führt würde ich mich freuen.

●●●3 Streiche die falsche Verknüpfung durch.

Die Betreuung der E-Jugendmannschaft bei Fortuna e. V., die / wo ich bereits seit der Grundschule ausführe, hat inzwischen zur Ausbildung als Trainerin geführt. Zurzeit leite ich in dem Schwimmbad, das / wo ich selbst trainiert habe, eine Gruppe. Die Verantwortung, die / wo mir Freude macht, ist groß, weil die Kinder sehr jung sind.

Tipp Das **Adverb** *wo* wird in Relativsätzen in der Regel **nur in räumlicher Bedeutung** verwendet, z. B.: *In der Stadt, wo ich zur Schule gehe, gibt es viele Ausbildungsbetriebe.*

Texte überarbeiten: Sätze und Zeichensetzung verbessern

1 a Im folgenden Auszug aus einem Bewerbungsschreiben fehlen drei Kommas. Trage sie ein.
b Notiere, um welche Art von Gliedsätzen es sich hier handelt.

Sehr geehrte Frau Schneider,

vielen Dank nochmals für das informative Telefongespräch. Es hat mich darin bestärkt mich in Ihrem Hause für eine Ausbildung zur Bankkauffrau zu bewerben.
Im Sommer dieses Jahres werde ich meine Schullaufbahn mit dem Abitur abschließen. Mein Wunsch für eine Bank tätig zu werden wurde bereits vor Jahren geweckt.

2 a Markiere im folgenden Auszug die Wiederholung.
b Verbessere, wie unten vorgeschlagen, und schreibe beide Möglichkeiten der Umformulierung auf.

Den Ausschlag für mein Interesse gab ein zweiwöchiges Praktikum bei der Kreissparkasse. Das Praktikum ermöglichte mir erste Einblicke in den Schalterbetrieb und die internen Abläufe einer Bank.

A Ersatzprobe (Pronomen *es*):

B Relativsatz:

3 a Markiere in den folgenden Sätzen fehlerhaft formulierte Nebensätze.
b Notiere, was in diesen Nebensätzen korrigiert werden muss.

Fachlich interessiert mich das Bankwesen sehr, weil ich habe besonders in Mathematik sehr gute Noten.
In den Fremdsprachen, die auch zu meinen Lieblingsfächern zählen, habe ich gute Kenntnisse. Auf meine Mitarbeit im Schulsanitätsdienst weise ich hin, weil er zeigt meine Bereitschaft, Verantwortung zu übernehmen.

●●●4 Der folgende Satz ist nicht leserfreundlich formuliert. Verbessere ihn, indem du mehrere Sätze daraus bildest und z. B. Relativsätze zu Attributen verkürzt. Schreibe die überarbeiteten Sätze auf.

Der gute Ruf Ihres Geldinstituts, der besonders auch die Qualität der Ausbildung, die ich anstrebe, betrifft, motiviert mich, den Ehrgeiz, den ich bisher in der Schule gezeigt habe, auch beruflich unter Beweis zu stellen.

Teste dein Wissen!
Satzgefüge

1 Verbinde jede Konjunktion mit der dazugehörenden Frageprobe (⟶ Satzart). (6 Punkte)

Konjunktion	Frageprobe (⟶ Satzart)
A weil	a Mit welcher Absicht? ⟶ Finalsatz
B sodass	b Wie? Auf welche Weise? ⟶ Modalsatz
C damit	c Warum? Aus welchem Grund? ⟶ Kausalsatz
D obwohl	d Unter welcher Bedingung? ⟶ Konditionalsatz
E indem	e Mit welcher Folge? Mit welcher Wirkung? ⟶ Konsekutivsatz
F falls	f Trotz welcher Umstände? ⟶ Konzessivsatz

2 Markiere im folgenden Text alle Nebensätze. Setze zwölf Kommas. (12 Punkte)

VORSICHT, FEHLER!

Immer mit der Ruhe!
Nachdem Julius seine Bewerbung eingeworfen hatte fiel ihm auf dass er vergessen hatte seinen Text auf Rechtschreibfehler durchzusehen. Obwohl er in Rechtschreibung nicht sicher war fiel das nicht weiter ins Gewicht da sein Brief falsch adressiert war und deshalb wieder zurückkam. Ihm wurde erst endgültig klar wie viel Glück er hatte als ihm beim Öffnen des Briefes auffiel dass das Zeugnis das er beigelegt hatte das seines Bruders war. Julius nutzte seine zweite Chance und brachte alles in Ordnung bevor er die Bewerbung erneut in den Briefkasten warf. Tatsächlich bekam Julius den gewünschten Ausbildungsplatz als pharmazeutisch-technischer Assistent der besondere Sorgfalt und gewissenhafte Dokumentation erfordert.

3 Um welche Art von Neben- bzw. Gliedsätzen handelt es sich? Trage die Buchstaben ein. (9 Punkte)

☐ Subjektsatz ☐ Adverbialsatz ☐ ☐ ☐ Relativsatz
☐ Objektsatz ☐ Partizipgruppe ☐ ☐ Infinitivgruppe

Eine Bewerbung, A die zum Erfolg führt, muss nicht durch Originalität aufgefallen sein. B Dass manchmal einfach Glück im Spiel ist, lässt sich nicht leugnen. C Da man dieses allerdings nicht erzwingen kann, empfiehlt es sich dringend, D jede Bewerbung sorgsam zusammenzustellen. E Für eine Studie befragt (,) gaben Personalmanager an, F dass sie auf formale Aspekte und besonders auf die Angaben im Lebenslauf achten würden. Unternehmen wollen die Gründe nachvollziehen können, G die jemanden zur Bewerbung bewegt haben. Man sollte seine Interessen und auch außerschulische Aktivitäten herausstellen, H um das persönliche Profil zu schärfen. Ein Schulzeugnis, I das durch gute Noten eine zuverlässige Arbeitshaltung nachweist, ist sehr vorteilhaft!

Vergleiche deine Ergebnisse mit dem Lösungsheft. Für jede richtige Antwort bekommst du einen Punkt.

☺ 27–20 Punkte	☺ 19–13 Punkte	☹ 12–0 Punkte
Gut gemacht!	Gar nicht schlecht, aber lies dir das Merkwissen auf den S. 66–73 noch einmal genau durch.	Arbeite die S. 66–75 noch einmal genau durch.

Was kannst du schon?
Rechtschreibung

1 a Unterstreiche im folgenden Text zehn Nominalisierungen. (10 Punkte)
b Vier Nominalisierungen werden nicht durch Nomensignale angekündigt. Markiere sie. (4 Punkte)

Beim Rechtschreiben hilft kein Raten. Vielmehr sollte zunächst ein genaues Lesen der Regeln erfolgen. Nach dem Studieren der Regeln gilt es, Gelerntes in Ruhe anzuwenden und Unklares im Wörterbuch nachzuschlagen. Wenn ihr Gleichaltrigen Regelhaftes erklärt, haben alle eine gute Übung. Das Anlegen einer Rechtschreibkartei bzw. das Klären der eigenen Fehlerschwerpunkte ist außerdem sinnvoll.

2 Prüfe die Wörter in Großbuchstaben. Handelt es sich um Nominalisierungen oder nicht? Kreuze an. (8 Punkte)

	Nominalisierung	keine Nominalisierung
A Max hat sich ein NEUES Wörterbuch gekauft.	☐	☐
B In der Prüfung will er bis zum LETZTEN kämpfen.	☐	☐
C Er hat im Wörterbuch etwas NEUES erfahren.	☐	☐
D Das BLAU unterlegte Merkwissen muss man lernen.	☐	☐
E Beim Ankreuzen entscheidet er sich für das RICHTIGE.	☐	☐
F Das ist die LETZTE Stunde vor der Klassenarbeit.	☐	☐
G Max wendet die RICHTIGE Rechtschreibregel an.	☐	☐
H Nicht geübt – ein Mitschüler schreibt „das BLAUE vom Himmel“.	☐	☐

3 a Prüfe die Schreibweisen der eingerahmten Wortgruppen. Jeweils eins der beiden Beispiele ist falsch geschrieben, markiere es. (6 Punkte)

A das alte Testament – die Frühe Neuzeit

B der blaue Planet – der blaue Montag

C das Schwarze Meer – das Schwarze Auto

D das lyrische Ich – der berliner Lyriker

E das Drama der weimarer Klassik – das bürgerliche Trauerspiel

F der erste Weltkrieg – die Goldenen Zwanziger

b Schreibe die unterstrichenen Wortgruppen richtig auf. (6 Punkte)

4 Zusammen oder getrennt? Trage richtig ein. (5 Punkte)

A Wortgruppen mit *sein* muss man ______________________. — getrennt ? schreiben

B Rechtschreibregeln kann man schlecht ______________________. — zusammen ? fassen

C Man sollte die verschiedenen Regeln ______________________. — auswendig ? lernen

D Durch stete Wiederholung wird vieles im Gedächtnis ______________________. — haften ? bleiben

E Dann wird man in der Klassenarbeit auch alles ______________________. — richtig ? schreiben

5 Trage die Verbindung aus Adjektiv und Verb für jeden Satz richtig ein. (6 Punkte)

blau ? machen

A Sevda will einen roten Schal stricken, Diane will ihren ______________________.

B Kevin sollte keinesfalls an einem Montag ______________________.

richtig ? liegen

C Nina wird mit ihrer allzu einfachen Erklärung nicht ______________________.

D Jonathan kann nur kreativ sein, wenn seine Stifte ______________________.

richtig ? stellen

E Jonas muss dringend seine Behauptung von gestern ______________________.

F Carla hat den Tisch verschoben, sie muss ihn wieder ______________________.

6 Wie lässt sich die Schreibweise der markierten Stellen in den unterstrichenen Wörtern klären? Schreibe neben jedes Wort die Nummer der geeigneten Probe. (9 Punkte)

1 = Verlängerungsprobe   2 = Ableitungsprobe (+ Zerlegen)   3 = „welches"-Probe

4 = Probe: Nomensignal ergänzen   5 = im Wörterbuch nachschlagen

Armer Superschüler!

Von Timo wird im Unterricht ganz selbstverständlich **A** <u>**B**estes</u> ☐ erwartet. Auch einmal **B** <u>Lo**b**</u> ☐ zu bekommen, würde ihn freuen. Aber er lässt sich **C** <u>**äu**ßerlich</u> ☐ nichts anmerken. **D** <u>Da**ss**</u> ☐ ihm die Anerkennung fehlt, ist **E** <u>einleuchten**d**</u> ☐. Das Lernen, **F** <u>da**s**</u> ☐ ihm bisher immer **G** <u>Spa**ß**</u> ☐ gemacht hat, **H** <u>rei**ß**t</u> ☐ ab. Timo beschließt, seine **I** <u>**Public Relations**</u> ☐ zu verbessern: Er meldet sich jetzt öfter einmal.

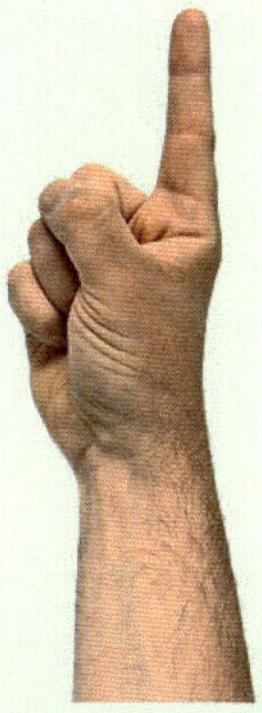

7 a Überprüfe deine Lösungen mithilfe des Lösungshefts. Für jede richtige Antwort bekommst du einen Punkt.
b Trage ein, wie du die Aufgaben bewältigt hast: ✓ = das Meiste richtig ? = noch etwas unsicher

Aufgabe	1 ☐	2 ☐	3 ☐	4 ☐	5 ☐	6 ☐
Weitere Übungen	S. 78–79	S. 78–79	S. 80	S. 83	S. 83	S. 87–92

Großschreibung: Nominalisierungen

Merkwissen Nominalisierungen

Verben, Adjektive, Adverbien und Wörter anderer Wortarten schreibt man in der Regel groß, wenn sie im Satz als Nomen/Substantiv gebraucht werden. Du erkennst solche **Nominalisierungen** meist an ihren **Nomensignalen**. Diese können z. B. sein:
- ein **Artikel**, z. B.: *das Neue, das Üben.*
- ein **Pronomen**, z. B.: *dieses Wissenswerte, etwas Verständliches.*
- ein **Adjektiv**, z. B.: *sorgfältiges Prüfen, langes Hin und Her.*
- eine **Präposition**, z. B.: *beim (bei + dem) Notieren, im Besonderen.*

Tipp: Nicht jedes nominalisierte Wort wird durch ein Nomensignal angekündigt. Mache die **Probe**: Wenn du ein **Nomensignal** (z. B. einen Artikel) **ergänzen** kannst, schreibst du groß, z. B.: *Allerdings erfordert (das/richtiges) Nachschlagen im Wörterbuch eine gewisse Übung.*

1 a Unterstreiche im folgenden Text die Nominalisierungen und markiere die Nomensignale.
b Bei zwei Nominalisierungen fehlen Nomensignale. Notiere unter dem Text den Buchstaben des betreffenden Satzes und die Nominalisierung mit Nomensignal.

Etwas aus der Mode: Diktate!

Früher wurden im Deutschunterricht häufig Diktate geschrieben, um das Rechtschreiben zu üben. **A** Auch in höheren Klassen wurde Schreiben durch das Diktieren von Texten trainiert. **B** Im Allgemeinen galt: **C** Der Text wurde als Erstes zusammenhängend vorgelesen. **D** Danach wurde der einzelne Satz als Ganzes vorgelesen und anschließend in sinnvollen Worteinheiten diktiert, Fragen war nicht erlaubt. **E** Bei Nichtmitkommen ließ man erst einmal Lücken. **F** Zum Schluss sollte deutliches und langsames Vorlesen des gesamten Textes Zeit zum Ergänzen und Überarbeiten geben.

Satz ___A___ : ______________________ Satz ______ : ______________________

2 Markiere bei den unterstrichenen Wörtern den richtigen Anfangsbuchstaben.
Prüfe in Zweifelsfällen, ob du ein Nomensignal ergänzen kannst.

Meist ging während des d/Diktierens ein Schüler nach vorn und schrieb g/Gehörtes mit. Wer schon einmal an der Tafel m/Mitschreiben musste, weiß, dass das nichts e/Einfaches ist. Das v/Verrückte ist, dass man an der Tafel häufiger f/Fehlerhaftes notiert als im Heft. Vielleicht fehlt es am n/Nötigsten: Zeit zum n/Nachdenken beim s/Schreiben. Vielleicht stört die u/Ungewohnte Schreibsituation im s/Stehen. Zudem ist die Größe der Buchstaben etwas i/Irritierend. Das k/Korrigieren erfolgte dann vor aller Augen, was manchmal das b/Blamabelste war. Später durfte man am Overheadprojektor auf Folie m/Mitschreiben: immerhin im s/Sitzen. Heute führt man a/Ab und z/Zu ein Partnerdiktat durch. Man kann auch allein ü/Üben, indem man g/Geschriebenes mit Musterlösungen selbst abgleicht. Meist hilft genaues k/Kennen von Rechtschreibregeln beim s/Schreiben, k/Kontrollieren und ü/Überarbeiten.

●●●3 Begründe die richtigen Schreibweisen für die letzten drei Sätze von Aufgabe 2 im Heft.

4 a Hier gibt es drei Fehler in der Groß- und einen Fehler in der Kleinschreibung. Streiche sie an.
b Schreibe den Text richtig auf und begründe die korrekten Schreibweisen.

5 a Auch auf den folgenden Schildern finden sich Fehler. Streiche sie an.
b Berichtige die Fehler im Heft und begründe die richtige Schreibweise.

I

D

A

E

F

C

H

B

G

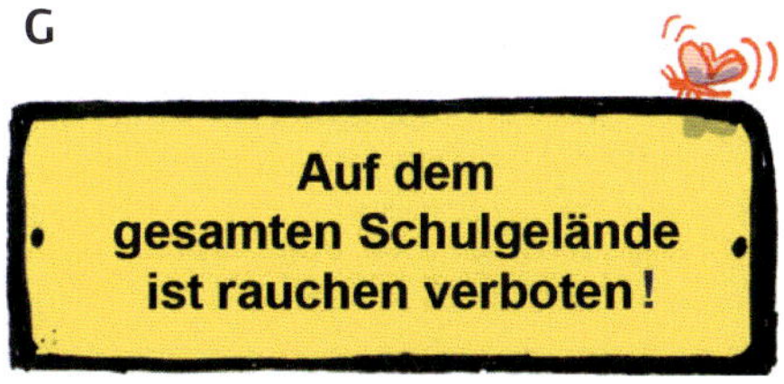

●●● **6** Entwirf selbst fünf Schilder mit Verboten, die eine Nominalisierung enthalten, z. B.:
Zum Lachen nicht in den Keller gehen!

Wiederholung: Eigennamen und Herkunftsbezeichnungen

Merkwissen Schreibung bei Eigennamen und Herkunftsbezeichnungen

- **Eigennamen**, z. B. Namen von Personen, Städten, Ländern oder Flüssen sowie von Institutionen und Einrichtungen, schreibt man **groß**.
- In **mehrteiligen Eigennamen** schreibt man alle Wörter groß mit Ausnahme der Artikel, Konjunktionen oder Präpositionen, z. B.: *das Neue Testament, der Türkische Rote Halbmond, das Rote Kreuz, Karl der Große, Katharina von Bora, die Vereinigten Staaten von Amerika.*
- **Herkunftsbezeichnungen:**
  - Von geografischen Namen abgeleitete **Wörter auf *-er*** schreibt man immer **groß**, z. B.: *der Berliner Fernsehturm, der Dresdner Zwinger, Schwarzwälder Kirschtorte.*
  - Von geografischen Namen abgeleitete **Adjektive auf *-isch*** werden **kleingeschrieben**, z. B.: *die griechische Philosophie, japanisches Papier*, aber: *der Indische Ozean (Eigenname).*

Beachte: In Wortgruppen, die keine Eigennamen oder Herkunftsbezeichnungen sind, schreibt man die Adjektive klein, z. B.: *die höheren Weihen, eine graue Maus, schöne Bescherung.*

1 Max hat für ein Referat zur „Medien-Innovation Buchdruck" einige Informationen in Großbuchstaben notiert.
Schreibe die Notizen in richtiger Schreibweise ins Heft.

- CHINESISCHE PAPIERPRODUKTION SEIT ERSTEM JAHRHUNDERT NACH CHRISTUS
- PAPIER AB 800 VON ARABERN INS FRÜHMITTELALTERLICHE EUROPA GEBRACHT
- EUROPÄISCHE PAPIERMÜHLEN BALD NACH DER ERSTEN JAHRTAUSENDWENDE
- BEISPIEL: SPANISCHE MÜHLEN ZUR PAPIERPRODUKTION AB 1074
- VERBREITUNGSRAUM: DAS HEILIGE RÖMISCHE REICH DEUTSCHER NATION
- 1450 MAINZER BUCHDRUCKEREI
- FRANKFURTER REICHSTAG 1454: VERKAUF VON GUTENBERG-BIBELN
- BRIEF DES KAISERLICHEN KANZLEISEKRETÄRS AN SPANISCHEN KARDINAL JUAN DE CAVAJAL ÜBER „GUTENBERGISCHE PRODUKTE"
- RELIGIÖSE SCHRIFTEN GEWÖHNLICH IN LATEINISCHER SPRACHE
- LUTHERISCHE BIBELAUSGABE 1534
- NEU: DIE HEILIGE SCHRIFT IN DEUTSCHER SPRACHE
- GRUNDLAGE DER ÜBERSETZUNG: MITTELDEUTSCHE SÄCHSISCHE KANZLEISPRACHE

2 Schreibe die unterstrichenen Wortgruppen in richtiger Schreibweise auf.

Gutenberg experimentierte schon in seiner st/Straßburger Zeit mit beweglichen Lettern. Der erste verlässlich überlieferte Bleisatzdruck ist das um 1445 gedruckte sogenannte m/Mainzer Fragment – ein Ausschnitt aus einer m/Mittelalterlichen Dichtung über das j/Jüngste Gericht. Es folgten bald z. B. die m/Mainzer Ablassbriefe, die Schulgrammatik d/Des Donatus, ein a/Astrologisches Blatt. Erst dann erschien das Produkt, das Anlass zum Staunen bot: die berühmte l/Lateinische Gutenberg-Bibel von 1454.

Teste dein Wissen!
Groß- oder Kleinschreibung?

1 Trage die fehlenden Wörter in die Checkliste zur Überprüfung der Schreibweise von Nominalisierungen ein. (6 Punkte)

Nominalisierungen schreibe ich ____________. Ich erkenne sie an ihren ________________, z. B.:

A einem ____________________, z. B.: *das* Schwierige, *das* Behalten.

B einem ____________________, z. B.: *dieses* Denken, *etwas* Nennenswertes.

C einem ____________________, z. B.: *sorgfältiges* Abheften, *langes* Aufbewahren.

D einer ____________________, z. B.: *beim* Notieren, *im* Speziellen.

2 Ergänze die Regeln zur Schreibung von Eigennamen und Herkunftsbezeichnungen und trage die folgenden Wortgruppen in der richtigen Schreibweise passend ein. (12 Punkte)

das b/Bonner Münster | die v/Vereinigten st/Staaten v/Von a/Amerika | im a/Alten Jahr | der ch/Chinesische Mönch

A Wenn ein Adjektiv mit einem Nomen eine Verbindung eingeht, die aber kein Eigenname ist, wird das Adjektiv in der Regel ____________________,

z. B.: ____.

B In mehrteiligen Eigennamen mit Bestandteilen, die keine Nomen sind, schreibt man alle Wörter ____________ mit Ausnahme der ________________,

________________________ und ________________________,

z. B.: ____.

C Die von geografischen Namen abgeleiteten Wörter auf *-er* schreibt man immer

____________________, z. B.: ____________________________.

D Die von geografischen Namen abgeleiteten Adjektive auf *-isch* werden

____________________, z. B.: ____________________________.

Vergleiche deine Ergebnisse mit dem Lösungsheft. Für jede richtige Antwort bekommst du einen Punkt.

☺ 18–14 Punkte	☺ 13–9 Punkte	☹ 8–0 Punkte
Gut gemacht!	Gar nicht schlecht, aber lies dir das Merkwissen auf S. 78–80 noch einmal genau durch.	Arbeite die S. 76–80 noch einmal genau durch.

Getrennt- und Zusammenschreibung

Merkwissen Verbindungen aus Nomen/Substantiv und Verb, Wortgruppen mit *sein*

- Verbindungen aus **Nomen/Substantiv und Verb** werden **immer getrennt** geschrieben, z. B.: *Auto fahren, Computer spielen*.
  Achtung: Werden sie **nominalisiert** (→ S. 78 f.), schreibt man sie **zusammen und groß**, z. B.: *Nur auf der Straße lernt man Autofahren. Kenntnisse im Computerspielen erwirbt man „von allein".*
- **Verbindungen mit *sein*** werden **immer getrennt** geschrieben, z. B.: *dafür sein, ein Lichtblick sein.*

1 Im folgenden Entwurf für das Fazit einer Erörterung sind einige Rechtschreibfragen offen. Notiere die in Großbuchstaben gesetzten Beispiele in der richtigen Schreibung in der Randspalte.
Tipp: Achte auf Nominalisierungen und schreibe diese zusammen und groß.

Streitfrage: Soll man Jugendlichen den freien Zugang zum Internet verbieten?

Nach Abwägen aller Argumente kann jeder nur D-A-G-E-G-E-N-S-E-I-N. Wer junge Nutzer digitaler Medien N-E-T-Z-G-E-M-Ü-S-E-N-E-N-N-T und ihnen damit fehlendes W-I-S-S-E-N-U-N-T-E-R-S-T-E-L-L-T, zeigt nur, dass er vom I-N-T-E-R-N-E-T-S-U-R-F-E-N wenig versteht. Man muss nicht mit den digitalen Medien A-U-F-G-E-W-A-C-H-S-E-N-S-E-I-N, um zu erkennen, dass z. B. F-R-E-U-N-D-E-F-I-N-D-E-N auch eine Aufgabe von sozialen Netzwerken ist. Im Chat D-A-B-E-I-S-E-I-N wollen alle, weil man dort wichtige F-R-A-G-E-N-S-T-E-L-L-E-N und auf eine gute A-N-T-W-O-R-T-H-O-F-F-E-N kann. Da kann es um das alltägliche H-A-U-S-A-U-F-G-A-B-E-N-S-C-H-R-E-I-B-E-N gehen oder auch um Persönliches. Surfen ist für viele so normal wie Z-Ä-H-N-E-P-U-T-Z-E-N.

2 a Markiere in dieser Einleitung einer Erörterung zur oben genannten Streitfrage sieben Fehler.
b Schreibe die Wörter richtig in dein Heft.

Kaum war der Buchdruck erfunden, konnte man erste Klagenhören, die Augen würden beim Lesenleiden. Beim Bücherlesen wohlgemerkt! Wenn nun heute Kritiker zu den digitalen Medien Stellungnehmen und sich im Internetverteufeln überbieten, muss man kurz an diese historische Abwehrerinnern. Neues kann erst einmal Angstmachen. Bevor wir jedoch die Lösung gleich im Verbotsuchen, sollten wir uns lieber anschauen, welche Vor- oder Nachteile sich zeigen können, wenn wir im Internetsurfen.

Merkwissen Verbindungen aus Verb und Verb

Verbindungen aus **Verb und Verb können immer getrennt** geschrieben werden, z. B.: *schreiben lernen*.
Achtung: Nominalisiert schreibt man sie zusammen und groß, z. B.: *Das Schreibenlernen fällt vielen schwer.*

3 Im folgenden Text sind die Verbindungen aus Verb und Verb in Großbuchstaben gesetzt. Schreibe die Wortgruppen richtig in dein Heft.

In eine Präsentation einführen: Digitale Medien im Klassenraum

Noch vor zwei Jahrzehnten hätte kaum jemand G-L-A-U-B-E-N-W-O-L-L-E-N, dass man im Klassenraum Bilder und Filme mit einem Beamer an die Wand P-R-O-J-I-Z-I-E-R-E-N-K-A-N-N. Der erste Videoprojektor, mit dem man ausreichend lichtstarke Bilder E-R-Z-E-U-G-E-N-K-O-N-N-T-E, kam in den späten 1980er-Jahren auf den Markt. Schnell hat sich diese neue Technik D-U-R-C-H-S-E-T-Z-E-N-K-Ö-N-N-E-N, bald entging auch in den Schulen niemand einem K-E-N-N-E-N-L-E-R-N-E-N dieser neuen Art des Präsentierens. Heute muss jeder Schüler digitale Medien im Unterricht A-N-W-E-N-D-E-N-K-Ö-N-N-E-N, z. B. für Referate. Welche Medien in welchen Zusammenhängen sinnvoll S-E-I-N-K-Ö-N-N-E-N, wird kontrovers diskutiert. Gegner des Technikeinsatzes behaupten, S-P-R-E-C-H-E-N-Ü-B-E-N sowie V-E-R-S-T-E-H-E-N-K-Ö-N-N-E-N kämen dabei zu kurz. Befürworter betonen, infolge der Bildunterstützung könne mehr vom Inhalt B-E-H-A-L-T-E-N-W-E-R-D-E-N. Ihr könnt euch durch einen Vortrag über Vor- und Nachteile der Technik I-N-F-O-R-M-I-E-R-E-N-L-A-S-S-E-N.

Merkwissen Verbindungen aus Adjektiv und Verb

Verbindungen aus **Adjektiv und Verb** werden **meist getrennt** geschrieben, z. B.: *gut gestalten, kurz darstellen*.
Aber: Entsteht durch die Verbindung von Adjektiv und Verb ein **Wort mit einer neuen Gesamtbedeutung, schreibt man dieses zusammen**, z. B.:
Die Erstellung einer Präsentation kann manchmal schwerfallen. (= viel Mühe machen)
Fehler im Vortrag lassen sich mit gutem Material unauffällig glattbügeln. (= ausgleichen, wettmachen)

4 a Verbinde die Adjektive und Verben durch Linien zu sinnvollen Verbindungen.
b Setze diese Verbindungen passend und in der richtigen Schreibung in den Text ein.

anschaulich · intensiv · sicher · näher · leicht

bringen · fallen · gestalten · einarbeiten · auftreten

Schülerinnen und Schüler, die sich ______________________, wird die Anwendung der Software für eine Präsentation ______________________. Wenn sie die Folien ______________________, können sie dem Publikum auch komplizierteste Sachverhalte ______________________. Wichtig ist trotzdem, dass sie beim Vortrag ______________________.

Merkwissen Verbindungen aus Adverb und Verb

Verbindungen aus **Adverb und Verb** werden in der Regel
- zusammengeschrieben, wenn die Hauptbetonung auf dem Adverb liegt, z. B.:
  Um bei Gruppenarbeiten Streit zu vermeiden, sollte man sich zusámmennehmen (eine Bedeutung).
- getrennt geschrieben, wenn Adverb und Verb gleich betont werden, z. B.:
  Manche Hürden während der Vorbereitung lassen sich leichter zusámmen néhmen (zwei Bedeutungen).

Tipp: Mache die **Erweiterungsprobe**. Wenn du ein Wort oder eine Wortgruppe zwischen Adverb und Verb einfügen kannst, schreibst du getrennt, z. B.:
Manche Hürde [...] kann man leichter zusammen (mit anderen) nehmen.

5 Kreuze für jedes der folgenden Beispiele an, ob Getrennt- oder Zusammenschreibung richtig ist. Die Erweiterungsprobe hilft dir bei der Entscheidung.

Tipps für einen guten Vortrag	getrennt	zusammen
A Bei der Vorbereitung sollten in einer Arbeitsgruppe alle miteinander ? arbeiten.	☐	☐
B Man sollte im Vortrag nicht nur den Inhalt der Folien wieder ? geben.	☐	☐
C Sinnvoll ist, dass man voraus ? schickt, wie lange der Vortrag dauert.	☐	☐
D Das Publikum sollte konzentriert zuhören und danach ? fragen.	☐	☐
E Sie sollten ihre Fragen lieber bis zum Schluss zurück ? stellen.	☐	☐

●●●6 Markiere bei beiden Verbindungen aus Adverb und Verb, was betont wird, und kreuze an, ob sie getrennt oder zusammengeschrieben werden.

	getrennt	zusammen
A Nach einem Vortrag sollten alle für eine Reflexion zusammen ? bleiben.	☐	☐
B Ob der Klasse der Vortrag gefallen hat, sollten dann alle zusammen ? entscheiden.	☐	☐

Merkwissen Verbindungen aus Präposition und Verb

Verbindungen aus **Präposition und Verb** schreibt man im **Infinitiv** und in den beiden **Partizipien zusammen**. Die Hauptbetonung liegt bei der Zusammenschreibung auf der Präposition, z. B.: *aufmachen, anleiten, hinführen, vorbereitend, abgeschrieben*.
In konjugierter Form sind diese **Verbindungen trennbar**, z. B.: *Die Einführung bereitet auf das Thema vor.*
Liegt die **Hauptbetonung auf dem Verb**, ist die **Verbindung nicht trennbar**, z. B.: *durchlaufen, übersetzen*:
Jede Vorbereitung durchläuft mehrere Phasen. Fachbegriffe übersetzt man am besten gleich.

7 Markiere alle nicht trennbaren Verbindungen von Präposition und Verb.
Tipp: Probiere mit einem Personalpronomen, z. B.: *ich hinterfrage*, aber: *ich frage nach*.

hinterfragen nachfragen überlegen vormachen
mitsprechen übernehmen beilegen durchmachen mitarbeiten
vorstellen nachdenken auftragen unternehmen vorführen
mitwirken abstimmen aufarbeiten nachtragen überdenken
nachlassen unterlassen

8 Gesucht sind Verbindungen aus Adjektiv und Verb mit neuer Gesamtbedeutung. Ergänze zu jedem Adjektiv das passende Verb und schreibe die Verbindung im Infinitiv auf.

A unerlaubtes Fernbleiben vom Unterricht, umgangssprachlich: ______________ blau

B die Beherrschung verlieren, sehr zornig werden: ______________ rot

C Busfahren ohne Fahrausweis: ______________ schwarz

D jemandem die Entscheidung über etwas überlassen: ______________ frei

E keine Mühe machen: ______________ leicht

F Krankheit und Arbeitsunfähigkeit bescheinigen: ______________ krank

G jemanden auf eine Aussage festlegen: ______________ fest

H Ersatz für Unrecht oder Schaden schaffen: ______________ wieder gut

9 a Der folgende Auszug aus einer Klassenarbeit enthält elf Fehler in der Getrennt- und Zusammenschreibung. Markiere sie.
b Trage die Beispiele im Infinitiv richtig in die Übersicht unten ein.

Fazit zur Streitfrage: Sollten Schüler/-innen mehr Freizeit haben?

Nach Abwägen aller Argumente möchte ich abschließend hervor heben, dass junge Menschen ihre Interessen großschreiben und ihnen so ausufernd wie möglich nach gehen sollten. Eine kaum überzeugende Position will uns glaubenmachen, Jugendliche sollte man möglichst weitreichend aufs Lernen fest legen, dann seien ihre Möglichkeiten eingeschränkt, Dummheiten zu voll bringen. Aber würde das wirklich weiter helfen? Meine Argumente und Beispiele unter stützen im Gegenteil eine vielversprechendere Einschätzung. Je mehr Eindrücke man in jungen Jahren auf nimmt und je vielfältiger die Erfahrungen sind, die Heranwachsende sammelnkönnen, desto mehr Wissen über die Welt wird später dasein. Wer geistig wach dabei ist, lernt zweifelsfrei in der Schule Wichtiges. Das Wichtigste aber, das konnten die zitierten Studien nachweisen, kann nur das Leben selbst weiter geben und dieses findet bevorzugt in der Freizeit statt. Folgerichtig können wir nie genug freie Zeit haben!

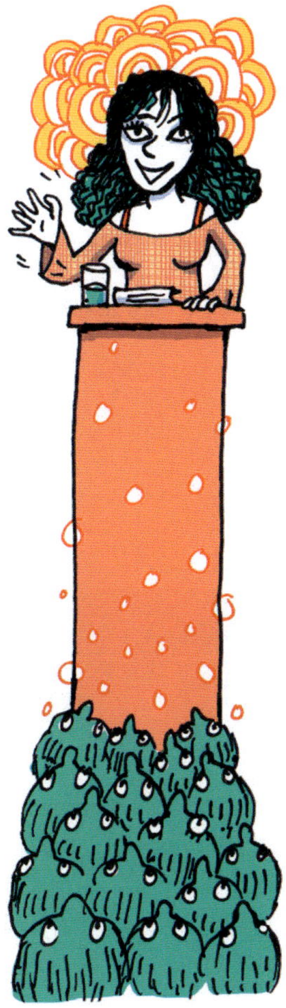

A Verb + Verb: ______________

B Verbindung mit *sein*: ______________

C Adjektiv + Verb: ______________

D Adverb + Verb: ______________

____

E Präposition + Verb: ______________

Teste dein Wissen!
Getrennt- oder Zusammenschreibung?

1 Notiere für jede eingerahmte Verbindung die richtige Schreibung. (6 Punkte) ☐

Gute Referate sind keine Glückssache

A Referenten sollten berücksichtigen, dass viele Lerner Bilder zu [schätzen ? wissen]. ______

B Wo Informationen anschaulich präsentiert werden, wird Lernen [leicht ? fallen]. ______

C [Gut ? vortragen] kann so mancher, aber aufmerksam [hin ? hören] können nur wenige.

______

D Dank guter Folien und Bilder wird das Gesagte [haften ? bleiben]. ______

E Langweilig ist, wenn Redner nur [wieder ? geben], was auf der Folie steht. ______

2
- a Getrennt oder zusammen? Streiche bei den markierten Beispielen jeweils die falsche Form durch. (12 Punkte) ☐
- b Umkreise die Beispiele, die zusammengeschrieben werden müssen, weil es sich um eine nominalisierte Verbindung von Nomen und Verb handelt. (2 Punkte) ☐
- c Unterstreiche Verbindungen, bei denen du die Schreibung mithilfe der Betonung prüfen konntest. (4 Punkte) ☐

Abschließend möchte ich zu der Frage Stellung nehmen / Stellungnehmen, ob man den Einsatz von computergestützten Präsentationen über denken / überdenken sollte. Ich bin der Meinung, dass man Vorträge nur sehr gezielt mit einer digitalen Präsentation unter stützen / unterstützen sollte. Nicht wenige Zuhörer/-innen werden es leid sein / leidsein, mit visuellen Informationen über flutet / überflutet zu werden. Gleichzeitiges Text lesen / Textlesen und Bilder anschauen / Bilderanschauen wird dann doch den meisten schwer fallen / schwerfallen. Weil viele Schüler/-innen sich mit elektronischen Präsentationen schwer tun / schwertun und oft keinen guten Eindruck hinterlassen / Eindruckhinterlassen, sollten sie sich um eine gute Vorbereitung lieber nicht herum drücken / herumdrücken. Zusammenfassend lässt sich fest stellen / feststellen: Nur wenn eine Präsentation gut vorbereitet ist, ist der Einsatz eines Beamers oder Whiteboards sinnvoll.

Vergleiche deine Ergebnisse mit dem Lösungsheft. Für jede richtige Antwort bekommst du einen Punkt.

☺ 24–19 Punkte	☺ 18–12 Punkte	☹ 11–0 Punkte
Gut gemacht!	Gar nicht schlecht, aber lies dir das Merkwissen auf S. 82–85 noch einmal genau durch.	Arbeite die S. 82–85 noch einmal genau durch.

Strategien zur Vermeidung von Rechtschreibfehlern

Ableitungs- und Verlängerungsprobe, Probe zur Großschreibung

Merkwissen Tipps zum Rechtschreiben: Stammprinzip (Ableitungsprobe)

Bist du bei einer Schreibung unsicher, hilft fast immer die Suche nach einem **verwandten Wort**.
Der Wortstamm wird in fast allen verwandten Wörtern gleich oder ähnlich geschrieben, z. B.:
- *versäumen – Saum, läuten – laut, Nähe – nah.*
  Gibt es kein verwandtes Wort mit **a** oder **au**, schreibt man mit **e** oder **eu**: *Werke, heute, Leute.*
- *verjähren – Jahre, Wahl – wählen.* Ein **h nach einem betonten langen Vokal** steht besonders häufig **vor den Konsonanten l**, **m**, **n** und **r** und bleibt in verwandten Wörtern erhalten.
- *Gehweg – gehen*. Das **silbentrennende h** bleibt in allen Wörtern der Wortfamilie erhalten.

Zusammengesetzte Wörter musst du **zerlegen**, um zu prüfen, ob es für den Wortstamm verwandte Wörter gibt, die die Schreibung erklären, z. B.: *Fäul | nisbakterien ⟶ faulen, ehr | los ⟶ Ehre, Gehgips ⟶ gehen.*

1 *äu* oder *eu*? Wende die Ableitungsprobe an und schreibe die Wörter richtig auf.

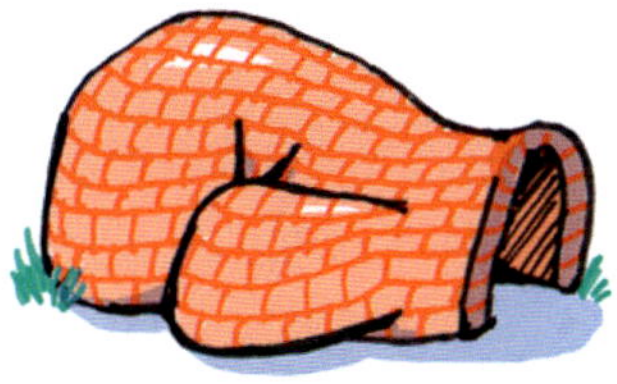

~~l ? ten~~ h ? te d ? tlich F ? stling h ? ten

R ? e s ? berlich Gem ? er Geb ? de

läuten ⟶ laut,

2 Begründe für fünf der folgenden Wörter die Schreibung mit einem Dehnungs-*h* hinter dem langen Vokal, indem du das Stammprinzip anwendest. Zerlege und schreibe je ein verwandtes Wort auf.

Fehlzeit **A** Lähmung **B** Rücknahme **C** Bohrmaschine **D** Ohnmacht

E Sehnsucht **F** Fuhrpark **G** gefühllos **H** Ohrwurm **I** sahnig

Fehl | zeit ⟶ fehlen,

3 Erkläre für die folgenden Wörter die Schreibung mit einem silbentrennenden *h*, indem du sie zerlegst und die Ableitungsprobe anwendest. Schreibe je ein verwandtes Wort auf.

~~Weihnachten~~ leihweise Drohbrief Sehtest Kuhmilch Gehhilfe reihum

Weih | nach | ten ⟶ weihen,

Merkwissen Tipps zum Rechtschreiben: Verlängerungsprobe

Wenn du nicht sicher bist, ob ein Wort am Silbenende mit **t** oder **d**, **k** oder **g**, **p** oder **b**, **ß** oder **s** geschrieben wird, hilft die Verlängerungsprobe, z. B.: *Ort – (die) Orte, (er) grast – grasen, heiß – heißer.*
Zusammengesetzte Wörter musst du **zerlegen**, damit du den Wortstamm verlängern kannst, z. B.: *Bad | teppich ⟶ (die) Bäder, Flug | sand ⟶ (die) Flüge – sandiger, Hub | raum ⟶ heben.*

4 Führe für jedes der folgenden Wörter die Verlängerungsprobe durch und weise so die Schreibung des gesuchten Lauts nach.

t oder **d**? Glei ? ~~sichtbrille~~ | Frem ? sprache | hei ? nisch | bera ? schlagen | Unterschei ? barkeit

Gleit | sichtbrille ⟶ gleiten, ______

______

k oder **g**? Mer ? wissen | Stei ? eisen | Lu ? und Tru ? | kal ? haltig | Pflu ? schar

______

______

p oder **b**? Hu ? konzert | Lo ? rede | Kle ? stoff | hie ? - und stichfest | Pum ? station

______

______

ß oder **s**? Hei ? getränk | Brem ? weg | Spa ? gesellschaft | eingespei ? t | Glei ? bett

______

______

●●●5 Vervollständige die folgenden Tipps zum Verlängern. Schau dir die Beispielwörter im Merkwissen an und trage die fehlenden Begriffe ein.

Nomen kann man verlängern, indem man *den Plural* bildet.

A Adjektive kann man verlängern, indem man den ______ bildet.

B Verben kann man verlängern, indem man den ______ bildet.

6 *ent-* oder *end-*? Trage *t* oder *d* ein.

En___ausscheidung en___lich

en___los en___stauben en___gültig

En___wirrung En___reim En___silbe

en___kalken en___täuschend

Tipp ***ent-*** **oder** ***end-*** unterscheiden:
- *ent-* ist ein häufig gebrauchtes Präfix für Verben und Nomen, z. B.: *entlaufen, entgangen, die Entscheidung.*
- *end-* ist die verkürzte Form von *Ende* und behält auch diese Bedeutung. Wenn du unsicher bist, zerlege und verlängere, z. B.: *End | kontrolle ⟶ Kontrolle am Ende.*

Merkwissen Probe zur Prüfung der Großschreibung

Meist wird ein Nomen/Substantiv oder ein nominalisiertes Wort im Satz durch ein Nomensignal angekündigt (→ S. 78). Ist dies nicht der Fall, wende die **Probe** an: Prüfe, ob du ein **Nomensignal ergänzen** kannst (z. B. einen Artikel). Dann schreibst du groß, z. B.: *Meist führt (das/wiederholtes) Trainieren von Strategien zu weniger Fehlern.*

Neues aus der Schülerzeitung: Gastschüler kurz vorgestellt

7 Fernanda schreibt über ihre Erfahrungen in einer deutschen Schule. Sie hat noch Probleme mit der Groß- und Kleinschreibung. Streiche jeweils den falschen Buchstaben durch.

Fernanda aus Peru, Klasse 9 a: Ich bin eine 18-j/Jährige Abiturientin, habe das schulische l/Lernen also schon hinter mir. Bei uns geht man meist erst ins Ausland, wenn alle a/Abschlüsse geschafft sind. In meiner Schule wurde nur e/Englisch gelehrt, hier will ich jetzt d/Deutsch lernen. In der Klasse 9 fällt mir v/Verstehen weniger schwer als in der Oberstufe. Außerdem sind hier alle so n/Nett zu mir! Was ich k/Komisch finde: Bei euch wird p/Pünktlichsein großgeschrieben und fast alle halten sich an r/Regeln. Trotzdem kommen m/Manche zu spät zum Unterricht. Hier gibt es viel a/Abwechslungsreiches und s/Schönes zu erleben. Ich lerne jeden Tag etwas d/Dazu.

●●●8 Im Beitrag von James wurden von seinem Computerprogramm falsch geschriebene Wörter unterstrichen.

a Markiere in jedem unterstrichenen Wort den Fehler.

b Notiere das verbesserte Wort unten bei der Probe, die die Schreibung klärt.

James aus Südafrika, Klasse 9 c: Ihr kennt mich aus der Schulband, da spiele ich <u>Schlakzeug</u>. Ich bin James (16) und vor drei Monaten aus Pretoria/Südafrika zu euch geflogen. Ich bin mit einer Organisation hergekommen, aber es <u>get</u> in dieser Zeit niemand von euren <u>Läuten</u> in mein <u>Heimatlant</u>. Ich wollte zuerst nach <u>Naost</u>, aber das war zu gefährlich. Jetzt bin ich hier, um <u>lernen</u> und <u>leben</u> in Deutschland auszuprobieren. So ist es, wenn man am <u>Reisbrett</u> plant: Manches entwickelt sich <u>überraschent</u> anders. Meine <u>Gasdfamilie</u> ist nett, alle sind sehr <u>heuslich</u> und ich kann über alles reden. Dauernd <u>gipt</u> es hier <u>neues</u> für mich: Die Kultur ist manchmal sehr anders. Oft bin ich <u>radlos</u> und fühle mich allein. Aber meine Klasse 9 c und die <u>Musig</u> helfen mir. Und ich kenne eure Sprache immer besser, ganz ohne lästiges <u>vokabellernen</u>. Kommt alle am Samstag zu unserem Konzert in der Aula!

A Ableitungsprobe: *geht;* ______________________

____

B Verlängerungsprobe: *Schlagzeug;* ______________________

____

C Artikelprobe: ______________________

____

das oder *dass*?

Merkwissen Relativpronomen *(das)* oder Konjunktion *(dass)*?

- Das **Relativpronomen *das*** leitet einen Relativsatz ein, der sich auf ein Bezugswort im Hauptsatz bezieht (→ S. 73), z. B.: *Die Kosten für einen Austausch sind ein Problem, das oft unterschätzt wird.*
  Probe: Ein Relativpronomen kannst du **durch *welches* ersetzen**, z. B.:
  Die Kosten für einen Austausch sind ein Problem, welches oft unterschätzt wird.
- Die **Konjunktion *dass*** leitet in der Regel einen Nebensatz ein, der auf die Fragen *Wer (was)?*, *Wen (was)?* oder *Mit welcher Folge?* antwortet (→ S. 71), z. B.: *Jeder weiß, dass das Leben im Ausland schwer sein kann. Dies führt dazu, dass viele wenig Interesse dafür aufbringen.*

1 Erkläre, warum der erste Nebensatz mit *das* und der zweite Nebensatz mit *dass* eingeleitet wurde.

Herausforderung Auslandsjahr

Das Auslandsjahr, das sich so viele junge Menschen wünschen, verläuft für viele etwas anders als erwartet. Man darf nicht vergessen, dass mit einem Schüleraustausch häufig auch Probleme verbunden sind.

Im ersten Nebensatz ______________________________

____

Im zweiten Nebensatz ______________________________

____

2 Setze in die Lücken *das* oder *dass* ein. Wende die *welches*-Probe an, wenn du unsicher bist.

Das Problem, **A** __________ man bei einem Austausch auf keinen Fall unterschätzen sollte, ist, **B** __________ man bei einer völlig fremden Gastfamilie lebt. Man steht vor der Herausforderung, **C** __________ man sich an das Zusammenleben mit völlig Unbekannten gewöhnen und deren Regeln akzeptieren muss. Hinzu kommt, **D** __________ die Jugendlichen auch in den Schulen im Gastland völlig anderen Bedingungen begegnen. Ein Verhalten, **E** __________ in Deutschland geduldet wird, ist dort möglicherweise verboten.

●●● 3 a Unterstreiche im folgenden Schülertext die Fehler in der Verwendung von *das* oder *dass*.
b Schreibe den Text richtig in dein Heft. Unterstreiche bei den Relativpronomen das Bezugswort.

VORSICHT, FEHLER!

Austauschschülerinnen und -schüler merken oft erst im Gastland, das eine fremde Kultur große Anpassung erfordert, wenn man nicht ständig anecken will. All das Neue, das zu erleben am Anfang spannend ist, kann schnell auch überfordern. Auch Heimweh ist ein Problem, dass von vielen häufig unterschätzt wird. Nicht jeder macht sich bewusst, dass ein Jahr eine lange Zeit ist und man selbst an Tagen wie Weihnachten oder Geburtstag auf Familie und Freunde verzichten muss. Ein Telefonat, dass man mit Zuhause führen kann, macht es meist noch schlimmer. Das sie es trotzdem schaffen, macht Rückkehrer sehr stolz.

Im Wörterbuch nachschlagen: Fremdwörter und Fachbegriffe

Merkwissen Fremdwörter und Fachbegriffe

- Fremdwörter sind **Wörter**, die **aus anderen Sprachen** kommen, z. B.: *Grammatik* (griech.), *konservieren* (lat.), *Bonbon* (frz.), *Cliffhanger* (engl.), *Loggia* (ital.). Häufig erkennt man sie an der Aussprache und der Schreibung, wenn sie den Regeln ihrer Herkunftssprache noch folgen.
- **Häufig gebrauchte Fremdwörter** werden eingedeutscht, d. h. in ihrer Schreibweise dem Deutschen angeglichen. In diesen Fällen ist sowohl die eingedeutschte als auch die fremdsprachige Schreibung korrekt, z. B.: *Fantasie – Phantasie, Frisör – Friseur, Joghurt – Jogurt.*
- Fremdwörter, die als **Fachbegriffe** verwendet werden (Fachwörter), werden nicht eingedeutscht. Dies gilt auch für Fachbegriffe aus dem Deutschunterricht, z. B.: *Strophe, Metapher, Enjambement.*

1 a Lies den folgenden Eintrag aus einem Fremdwörterbuch.
b Erkläre die Angaben in diesem Eintrag, indem du die folgenden Wendungen passend einträgst.

Nominativ im Plural | Herkunft des Fremdworts | inhaltliche Bedeutung(en) des Fremdworts | Genus/Artikel | Hinweis zur Aussprache | Genitiv im Singular

A ______________________

B ______________________

C ______________________

Recycling [ri'saiklɪŋ] *das*, -s, s, ‹engl.›: 1. Aufbereitung u. Wiederverwendung [bereits benutzter Rohstoffe von Abfällen, Nebenprodukten], 2. Wiedereinschleusen der (stark gestiegenen) Erlöse Erdöl exportierender Staaten in die Wirtschaft der Erdöl importierenden Staaten, um deren Zahlungsbilanzdefizite zu verringern.

D ______________________

E ______________________

F ______________________

2 a Welche Wörter sind hier gesucht? Ergänze fehlende Buchstaben.
Tipp: Wenn du unsicher bist, schlage im Fremdwörterbuch nach.
b Umkreise das Wort, für das zwei Schreibweisen möglich sind, und notiere diese unten.

B l a m a _ _ F r _ _ k L _ _ p i n g

_ _ a b a r b e r L e i c h t a _ _ l e t i k

P s _ c h o l o g i e P o r t e m o n _ _ _ _

____

3 Für einige Fremdwörter ist neben der fremdsprachigen auch eine eingedeutschte Schreibung möglich.
Kreuze für jedes Wort an, welche Schreibung erlaubt ist.

A		B		C		D		E	
☐	Graphik	☐	Atmosphäre	☐	Orthografie	☐	Photokopie	☐	Metapher
☐	Grafik	☐	Atmosfäre	☐	Orthographie	☐	Fotokopie	☐	Metafer

4 Im folgenden Text sind elf Fremdwörter falsch geschrieben.
- a Unterstreiche die falsch geschriebenen Fremdwörter.
- b Schreibe die Wörter richtig auf die Schreibzeilen unter dem Text.
  Tipp: Wenn du unsicher bist, schlage im Fremdwörterbuch nach.

Fremde Sprache, schwere Sprache

Auch wenn man den euforischen Berichten anderer Schülerinnen und Schüler von einer Phase voller Higlights und Parties nicht immer uneingeschränkt glauben kann, bietet die Scala der Erfahrungen im Ausland doch vielfältige Nuancen. So erleben die meisten Jugendlichen die Generosität der Gastfamilien und die gute Atmosfähre äußerst positiv. Das schulische Systhem, z. B. amerikanischer Highschools, bietet diverse Möglichkeiten, auf individuellem Niveau zu lernen und ein gutes Feedback zu bekommen. Man lernt die Fremdsprache offensiv beim Sprechen, aber um Vokabeln nicht falsch oder mit fehlerhafter Konotation zu lernen, sollte man es bei Iritationen vorziehen, in einem Wörterbuch nachzuschlagen. Junge Menschen sammeln im Gastland Rutine im Umgang mit einer fremden Kultur und coolen Hobbies. Jede Bewerbung profitiert, wenn die Biografie einen Auslandsaufenthalt aufweist.

euphorischen, ______________________________

____

____

5
- a Folgende Fachbegriffe werden im Deutschunterricht verwendet:
  Ergänze jeweils den oder die fehlenden Buchstaben.
- b Schreibe für jedes Wort die Bedeutung auf.

A Gedichtanal ____ se: ______________________________

B Anton ____ m: ______________________________

C Eu ____ emismus: ______________________________

D Ana ____ er: ______________________________

E H ____ potaxe: ______________________________

F ____ etorische Frage: ______________________________

G Sone ____ : ______________________________

H Po ____ nte: ______________________________

Texte überarbeiten

Strategien und Proben zur Überprüfung der Rechtschreibung

1 Eine Gastschülerin will in der Schülerzeitung über Auslandsaufenthalte schreiben. Überarbeite ihren Textentwurf. Unterstreiche 22 Fehler und notiere dort jeweils über der Zeile, welche Probe zur Verbesserung des Wortes angewendet werden muss. Notiere die jeweilige Probe und das Wort in korrekter Schreibweise im Heft.

A = Ableitungsprobe (Stammprinzip)

V = Verlängerungsprobe

N = Probe zur Prüfung der Großschreibung

W = *welches*-Probe (für Relativpronomen)

Abentäuer Auslandsjahr

Ein Jahr in einem anderen Lant bietet vielfeltige Erlepnisse und Eindrücke. Grundsetzlich muss man vollkommen offen für neues sein. Wer mit festen Erwartungen kommt, hat sich die Menschen und Geschenisse in der Fremde vorher genau vorgestellt. Aber dann kommt alles ganz anders und es passiert vielen, das sie dann ungehäuer enttäuscht reagieren. Das innere Bild stimmt so gut wie nie mit der Wirglichkeit überein. Wenn man jedoch aufgeschlossen für alles auf die Reise geht, wird neues höchstens erstaunen und überraschung hervorrufen, aber der Katzenjammer bleibt aus. Das ist doch viel besser! Das gute ist, dass diese Regel für jede Nation stimmt, ganz gleichgültik, wohin in der Welt man sich begipt. Natürlich wird das kennenlernen nicht immer leichtfallen. Das größte Problem ist heufig die fremde Sprache. Aber wenn man sich nicht schäut, sich im Notfall mit Händen und Füßen zu verständigen, wird der Kontakt gelingen. Wer etwas Stevermögen hat, wird ein Jahr im Auslant sicher nicht beräuen.

2 *Das* oder *dass*? Überarbeite den Text. Korrigiere die Fehler in der Randspalte.

Wer über ein Auslandsjahr nachdenkt, muss wissen, das damit Probleme einhergehen können. Man muss sich darauf einstellen, dass man nicht das gleiche Leben führen kann, dass man schon von zu Hause kennt. Die Herausforderung ist, sich flexibel auf Unerwartetes einzulassen, dass stets aufs Neue passieren kann. Tritt dann irgendwann ein Problem auf, das sich auf den ersten Blick nicht lösen lässt, sollte man lieber nicht gleich verzweifeln. Man kann darauf vertrauen, das die Menschen im Gastland und auch die Austauschorganisation gern helfen. Wer mit dieser Haltung in ein fremdes Land geht, kann hoffen, dass er vorwiegend gute Erfahrungen machen wird.

Teste dein Wissen!
Strategien zur Fehlervermeidung anwenden

1 Trage die markierten Wörter in der richtigen Schreibung in die Lücken ein. (8 Punkte)

Es ist nicht leicht, beim ____________ Schreiben / schreiben einer Klassenarbeit zeitgleich auf Rechtschreibfehler zu achten. In jedem Fall ist ____________ Befolgen / befolgen von Anregungen der Deutschlehrerin oder des Deutschlehrers ____________ radsam / ratsam. Zudem sollte sich lieber niemand davor ____________ schäuen / scheuen, die Regeln und Strategien zur Rechtschreibung bis ins ____________ Einzelne / einzelne zu lernen. Bei jeder Klassenarbeit ist ____________ Überarbeiten / überarbeiten am Schluss wirklich ____________ Wichtig / wichtig. Keine Fehler in Rechtschreibung und Zeichensetzung zu haben, kann ____________ schlussentlich / schlussendlich die Note verbessern.

2 *Das* oder *dass*? Trage in jede Lücke das richtige Wort ein. (6 Punkte)

A Das Problem, ______ sie in Klassenarbeiten Rechtschreibfehler machen, haben viele Schüler/-innen.

B Wenn man weiß, ______ man bestimmte Fehler häufiger macht, kann man gezielt daran arbeiten.

C Ein Fehlerprofil, ______ man auf Grundlage der letzten Klassenarbeiten anlegt, zeigt Übungsschwerpunkte.

D Man weiß dann, ______ man in diesen genau abgegrenzten Bereichen trainieren sollte.

E Wiederholt man die entsprechenden Strategien und Regeln gezielt, erhöhen sich die Chancen, ______ man nicht wieder dieselben Fehler macht und ______ die nächste Klassenarbeit darum besser ausfällt.

3 a Zwei Fremdwörter je Zeile sind falsch geschrieben. Streiche sie durch. (6 Punkte)
b Notiere beide in korrekter Schreibweise daneben. (6 Punkte)

VORSICHT, FEHLER!

A Philosofie	Metapher	Antitese	____________
B Suvenir	Ingeneur	Theorie	____________
C Rhythmus	Shampo	Tolette	____________

Vergleiche deine Ergebnisse mit dem Lösungsheft. Für jede richtige Antwort bekommst du einen Punkt.

☺ 26–20 Punkte	☺ 19–13 Punkte	☹ 12–0 Punkte
Gut gemacht!	Gar nicht schlecht, aber lies dir das Merkwissen auf S. 87–91 noch einmal genau durch.	Arbeite die S. 87–93 noch einmal genau durch.

Zeichensetzung

Die Kommasetzung in Satzreihen/Satzverbindungen und Satzgefügen

Merkwissen Das Komma in Satzreihen/Satzverbindungen (HS + HS) und Satzgefügen (HS + NS)

- Die einzelnen **Hauptsätze einer Satzreihe/Satzverbindung** werden durch **Komma** voneinander getrennt, z. B.: *Die Klasse 9 b wird eine Klassenfahrt unternehmen, sie spricht zuvor über die Freizeitgestaltung.* Häufig werden Hauptsätze durch nebenordnende Konjunktionen wie *und, oder, aber, doch, sondern, denn* miteinander verbunden. Nur vor den Konjunktionen *und* bzw. *oder* darf das Komma entfallen, z. B.: *Das Alkoholverbot auf Klassenfahrten ist nicht zu hinterfragen, aber die Lehrerin möchte auch das Shoppen untersagen (,) und einige Schüler/-innen argumentieren dagegen.*
- **Zwischen Haupt- und Nebensatz** (Satzgefüge, → S. 68–73) muss immer ein **Komma** stehen. Ein Nebensatz kann vor oder nach dem Hauptsatz stehen oder in den Hauptsatz eingeschoben werden. Ein Satzgefüge kann mehrere Nebensätze enthalten, die alle durch ein Komma abgetrennt werden, z. B.: *Die Frage, ob man bei Klassenfahrten Shoppingtouren verbieten sollte, ist schwer zu beantworten, weil vieles dagegen, aber auch einiges dafür spricht.*

1
a In den folgenden Satzreihen/Satzverbindungen fehlt das Komma zwischen den Hauptsätzen. Trage es ein und unterstreiche die nebenordnende Konjunktion.
b Kreuze die Satzreihen an, in denen das Komma stehen muss.
c Vervollständige die unten stehende Erklärung.

Wichtige Anregung für Klassenfahrten

☐ **A** Klassenfahrten nach Berlin, München, Hamburg oder Dresden haben häufig ein vielseitiges kulturelles Programm aber dieses ist nicht selten auch anstrengend.

☐ **B** Meist werden Museen und Sehenswürdigkeiten besichtigt vor Ort tragen Einzelne dann Referate vor.

☐ **C** Die Exkursionen sind informativ denn man erfährt auf anschauliche Weise Neues.

☐ **D** Allerdings wird dabei manchmal die Entspannung vergessen oder man denkt nicht an eine Pause.

☐ **E** Bei schönem Wetter müssen Referate nicht in einem Raum vorgetragen werden sondern sie können auch im Park oder an einem See gehalten werden.

Erklärung: In Satz _____ kann das Komma entfallen, weil die Konjunktion ________________ verwendet wurde.

2
a Unterstreiche im folgenden Satzgefüge den Hauptsatz.
b Streiche in der unten folgenden Erklärung Unpassendes.

Wir möchten, wenn wir schon so viel Anstrengendes in der Großstadt unternehmen müssen, unsere freie Zeit auch nutzen dürfen, damit wir uns beim Shoppen entspannen können.

Erklärung: In diesem Satz gibt es einen **A** vorangestellten / eingeschobenen / nachgestellten Nebensatz und einen Nebensatz **B** vor / zwischen / hinter dem Hauptsatz.

3 In den folgenden Hypotaxen (verschachtelte Satzgefüge) fehlen die Kommas.
a Unterstreiche die Hauptsätze blau und die Nebensätze grün.
b Markiere die Konjunktionen und Relativpronomen.
c Trage die fehlenden Kommas ein.

Diskussion im Schülerblog:
Bei der Klassenfahrt shoppen?

Pavel 21.06.2015 19:27 Uhr

Durch das Jugendschutzgesetz ist schon das Alkoholverbot geregelt damit es von allen eingehalten wird wohingegen in keinem Gesetz etwas gegen Shopping steht sodass ich selbst über meine Freizeit und mein Taschengeld verfügen möchte.

Marie 21.06.2015 19:36 Uhr

Genau! Schließlich haben wir während der Schulwoche kaum Gelegenheit zum Shoppen da der Nachmittagsunterricht und die Hausaufgaben unsere ganze Zeit beanspruchen und am Wochenende häufig Turniere oder Spiele mit dem Verein stattfinden die auch Zeitfresser sind.

Ekatherina 21.06.2015 20:05 Uhr

Weil Shopping wetterunabhängig ist eignet es sich sehr für eine Klassenfahrt die auch Regentage haben kann. Obwohl ich selbst nicht so häufig shoppen gehe möchte ich gern für meine Eltern und Geschwister ein Mitbringsel besorgen während ich selbst nicht unbedingt etwas Gekauftes als Erinnerung an diese Fahrt brauche. Es gibt ja viele Fotos die man sich später anschauen kann.

●●●4 Überarbeite Felix' Kommentar.
Er hat drei Kommas falsch gesetzt und sieben vergessen.
a Umkreise die drei falsch gesetzten Kommas.
b Trage die sieben fehlenden Kommas ein.

Felix 21.06.2015 20:27 Uhr

Ein Shoppingverbot fände ich gut denn, Shoppen ist keine Entspannung sondern, bedeutet Stress. Ich weiß genau, wer schon während der Stadtführung nur darauf achtet wo es die coolsten Läden gibt. Es stört mich ziemlich wenn dann irgendwann alle nur noch vom Shoppen reden. Manche sind irgendwann so im Rausch dass, sie die Zeit vergessen und sich beim Bummeln so verspäten, dass alle anderen warten müssen. Außerdem entsteht hinterher immer Konkurrenz wer das coolste neue Outfit hat. Aber nicht jeder verfügt über genug Geld zum Einkaufen zumal schon die Klassenfahrt teuer ist.

Das Komma bei Infinitiv- und Partizipgruppen

Merkwissen Das Komma bei Infinitivgruppen mit *zu*

Ein **Komma muss** stehen,
- wenn die Infinitivgruppe mit *zu* durch *um, anstatt, statt, außer, ohne, als* eingeleitet wird, z. B.: *Ich trage Turnschuhe,* ***um*** *bequem zu laufen.*
- wenn die Infinitivgruppe von einem **Nomen/Substantiv** oder einem **hinweisenden Wort** wie *dazu, daran, darauf* oder *es* im Hauptsatz abhängt, z. B.: *Das Tragen von Turnschuhen dient* ***dazu****, die eigene Sportlichkeit zu betonen.*

Bei einfachen Infinitiven (*zu* + Infinitiv) kann das Komma entfallen, z. B.: *Ich hoffte (,) aufzufallen.*
Tipp: Bei Infinitivgruppen empfiehlt es sich, immer Kommas zu setzen, weil sie die Gliederung eines Satzes verdeutlichen, niemals falsch sind und Missverständnissen vorbeugen, z. B.:
Ich überlege täglich, Sport zu machen. – Ich überlege, täglich Sport zu machen.

1 Überarbeite den Werbetext, den Max im Praktikum geschrieben hat.
Trage acht fehlende Kommas ein und unterstreiche die Infinitivgruppen.

Turnschuhe „gehen" immer

Turnschuhe haben in den vergangenen Jahren einen Auftrieb erlebt anstatt in der Mottenkiste zu verstauben. Statt die Modelle aus den 1980er- oder 1990er-Jahren zu verändern legen Schuhlabels die alten Klassiker in frischen Farben auf. Der Akzent liegt auf Sportlichkeit ohne den Fuß plump wirken zu lassen. Schlichte, flache Sneakers in Weiß zu tragen ist nicht mehr nur Tennisspielern vorbehalten. Nur an Ferse und Lasche sind Farbtupfer erkennbar um ein bisschen aufzufallen. Limitierte Auflagen verschärfen die Nachfrage. Den Schuh bekommen diejenigen, denen es gelingt am ersten Verkaufstag die Schnellsten zu sein. Um am nächsten Morgen als Erste das begehrte Modell zu ergattern übernachten echte Fans vor dem Laden. Trendexperten vergleichen den Turnschuh mit der Jeans. Statt vom Markt zu verschwinden ist er zu jeder Zeit ein Allrounder für alle.

●●●2 Setze das Komma so, dass die Freude über das Ereignis betont wird.

Ich freue mich jeden Tag aufs Neue in meine abgetragenen Lieblingsschuhe steigen zu können.

Merkwissen Das Komma bei Partizipgruppen

Partizipgruppen darf man immer durch ein Komma vom Hauptsatz abtrennen. Ein **Komma muss** stehen,
- wenn durch ein **hinweisendes Wort** auf die Partizipgruppe Bezug genommen wird, z. B.: *Von Kopf bis Fuß in Marken gekleidet,* ***so*** *wollen viele selbstbewusster wirken.*
- wenn die Partizipgruppe eine nachgestellte Erläuterung ist, z. B.: *Auch Markenschuhe, am besten sehr teuer gekauft, erfreuen sich großer Beliebtheit.*

3 Setze in den folgenden Sätzen die Kommas.

Sneakers zumal zum dunklen Anzug getragen sind für manche Modeexperten ein Fauxpas.

Vom Stoff farblich auffallend abgesetzt so nehmen sie dem Erscheinungsbild die Eleganz.

Das Komma bei Appositionen und nachgestellten Erläuterungen

Merkwissen Die Kommasetzung bei Appositionen und nachgestellten Erläuterungen

- Die **Apposition** ist eine besondere Form des Attributs und besteht in der Regel aus einem Nomen/Substantiv oder einer Nomengruppe. Sie folgt ihrem Bezugswort, steht im gleichen Kasus wie dieses und wird **durch Kommas abgetrennt**, z. B.: *In der heutigen Gesellschaft, einer Konsum- und Wegwerfgesellschaft, müssen wir verstärkt auf den Umweltschutz achten.*
- Die **nachgestellte Erläuterung** wird oft mit Wörtern wie *nämlich, und zwar, vor allem, das heißt (d. h.), zum Beispiel (z. B.)* eingeleitet. Sie wird **durch Komma(s) abgetrennt**, z. B.: *Ein Faktor ist für die Bewertung des Konsums zentral, und zwar der Faktor „Müll".*

1 a Unterstreiche im folgenden Text die Appositionen grün und die nachgestellten Erläuterungen blau.
b Setze 14 fehlende Kommas.

VORSICHT, FEHLER!

Müll vermeiden durch Reparaturen: „Repair Cafés" machen es möglich

In den Industrieländern landet unendlich vieles nicht wenig davon unnötig im Müll. Die Stiftung „Repair Café" will daran etwas ändern und zwar mit Unterstützung ehrenamtlicher Helfer. An vielen Orten weltweit haben sich Gleichgesinnte zusammengefunden, um selbstlos nämlich ohne Gewinn erzielen zu wollen Treffpunkte einzurichten. Diese heißen „Repair Café" und dort reparieren ehrenamtliche Mitwirkende ausgestattet mit Schraubendrehern und anderem Werkzeug sowie soliden Fachkenntnissen defekte Toaster oder Fahrräder und zwar kostenlos. Manchmal fehlt nur ein kleines Ersatzteil zum Beispiel eine Abdichtung oder ein Ventil und bei der Reparatur lernen die Laien, es selbst zu machen. Die Nutzer des Angebots die Eigentümer der defekten Geräte erklären sich schriftlich damit einverstanden, dass mit der Reparatur keine Haftung verbunden ist. Wer selbst ein „Repair Café" eröffnen will, kann sich auf der Website der Stiftung nämlich www.repaircafe.org über die Möglichkeiten dazu informieren.

●●●2 Schreibe die folgenden Sätze ins Heft und füge dabei die angebotenen Wendungen inhaltlich passend als Apposition oder als nachgestellte Erläuterung ein.
Tipp: Satz C kann um zwei Wendungen erweitert werden. Setze die Kommas.

kaputt – weg – neu | und zwar auch durch Müllvermeidung | z. B. in Fragen des Umweltbewusstseins | z. B. von Fahrrädern oder Handys | vor allem von Jugendlichen, die ihre Eltern und Lehrkräfte beim Wort nehmen

A Man muss die sich immer schneller drehende Konsumspirale verlangsamen.

B Es gilt, den Willen zu Erhalt und Pflege von Alltagsgegenständen zu erhöhen.

C Erwachsene müssen auf ihre Glaubwürdigkeit achten, denn sie werden genau beobachtet.

D Ideen für Nachhaltigkeit sind willkommen.

Die Zeichensetzung bei Zitaten

Merkwissen Richtig zitieren: Textstellen wörtlich wiedergeben

Wörtlich wiedergegebene Textstellen (Zitate) müssen durch **Anführungszeichen** gekennzeichnet werden. Innerhalb des gekennzeichneten Zitats darf der **Originaltext nicht verändert** werden. Geringfügige Änderungen werden durch [eckige Klammern], Auslassungen durch [...] gekennzeichnet.
Treffen **Punkt**, **Frage- oder Ausrufezeichen** mit den Anführungszeichen zusammen, stehen die Satzschlusszeichen
- **außerhalb der Anführungszeichen**, wenn sie nicht zu der zitierten Äußerung gehören, z. B.: *Müssen Städte heute durch ein Factory-Outlet-Center zeigen, „wie attraktiv sie sind"?*
- **innerhalb der Anführungszeichen**, wenn sie zu der wiedergegebenen Äußerung gehören, z. B.: *„Wie reagieren Kommunen auf die Kaufinteressen der Bürger/innen?", fragt der Journalist.*

Bei einem angeführten Satz lässt man den Schlusspunkt am Ende des Zitats weg, z. B.:
Ein Outlet ist Zukunftsmusik. ⟶ „Ein Outlet ist Zukunftsmusik", erklärt der Bürgermeister.

1 Eva hat einen Städtebauexperten zum Thema „Factory-Outlet-Center" interviewt. Im folgenden Text sind wörtlich wiedergegebene Textstellen (Zitate) aus dem Interview unterstrichen.
a Erkläre unten, was die eckigen Klammern in den Zitaten bedeuten.
b Schreibe den Text ins Heft ab und setze alle fehlenden Zeichen (Anführungszeichen und Satzschlusszeichen).

Referatthema „Projekt: Stadt" – Sind Factory-Outlet-Center eine Bedrohung?

Ein Factory-Outlet-Center ist eine Sonderform des großflächigen Einzelhandels, sagte der Experte zu Beginn unseres Gesprächs. Die Verkaufsflächen seien riesig groß, oft mehrere 1 000 qm. Man finde dort bis zu 100 Läden namhafter Marken, die Textilien [...] direkt ab Fabrik verkaufen, die man sonst in der Innenstadt im Einzelhandel kauft. FOCs sind nicht überall gern gesehen: Die in Medien häufig gestellte Frage Veröden die Innenstädte spiegelt die Befürchtung, dass die Kunden den zentralen Einkaufszonen fernbleiben. Es gibt Gesetze zur Raumordnung, die festlegen, was wo gebaut werden darf. Diese folgen dem sogenannten System der zentralen Orte, welches erklärt, wie Stadträume sich gegenseitig beeinflussen. Die Ministerkonferenz für Raumordnung (MKRO) hat im Jahr 1997 Folgendes beschlossen: FOC sind [...] nur in Oberzentren/Großstädten an integrierten Standorten in stadtverträglicher Größenordnung zulässig. Darum werden Anträge zum Bau eines FOC abgelehnt, wenn diese nicht im Bereich zur Versorgung eines zentralen Ortes liegen. Je nach Lage kann ein FOC aber z. B. auf dem Land durchaus auch Chancen zur Weiterentwicklung eröffnen. Man sollte immer den Einzelfall prüfen.

Die eckigen Klammern [...] im Text bedeuten, ______________________________

●●●2 Fasse den folgenden Textauszug zusammen. Überlege, welche Aussagen du als wörtliches Zitat wiedergeben möchtest. Schreibe in dein Heft.

125 000 qm sollen im geplanten *Designer Outlet Village* in Duisburg für 160 Shops zur Verfügung stehen. Dazu kommen 2 000 Parkplätze. Entstehen soll das FOC auf dem Gelände der sogenannten Zinkhüttensiedlung, einem traditionsreichen Arbeiterviertel der Ruhrgebietsstadt. In aller Stille fanden die Verkaufsverhandlungen zwischen dem Eigentümer der Immobilien und dem Investor statt. Auch die Stadt Duisburg informierte die Anwohner nicht. „Hier herrschen Sitten wie im Mittelalter: Die Fürsten bestimmen und das Fußvolk hat zu folgen", empört sich Horst K. (59), der schon seit 48 Jahren hier lebt.

Tipp Füge **wörtlichen Zitaten** aus einem Text eine genaue **Zeilenangabe** bei, z. B.: *Laut Expertenaussage gibt es in einem FOC „Textilien [...] direkt ab Fabrik"* (Z. 4). Der Schlusspunkt steht erst nach der Zeilenangabe.

Texte überarbeiten: Die Zeichensetzung prüfen

1 Überarbeite die beiden folgenden Texte.

a Streiche falsch gesetzte Zeichen rot an und notiere am Rand:
1 für Kommafehler, *2* für fehlerhafte Zeichensetzung in Zitaten.

b Trage fehlende Zeichen ein.

Statements zum Thema „Mode ist für mich …“

Sara: Mode ist für mich etwas Normales. Meine Kleidung soll alltags-
tauglich und vor allem bequem sein, deshalb trage ich in der Schule
Sneakers. Highheels mag ich gar nicht, denn, ich bin ein eher sport- 1
licher Typ den ich nicht verstecken möchte sondern unterstreichen. In meinem Outfit will ich mich wohlfühlen besonders an einem langen Schultag an dem man ja überwiegend; auf harten Stühlen herumhockt. Dazu gehören für mich Jeans, die aber nicht immer blau sein müssen. Mit einem Shirt oder Kapuzenpulli kombiniert ist es kein auffälliger Style eher ein zurückhaltender aber auch Lässigkeit signalisierender. Sogar Victoria Beckham häufig mit extremen Highheels fotografiert rät im Online-Magazin Net-a-Porter ihren Leserinnen: Trauen Sie sich an flache Schuhe. Es wäre selbst mir unmöglich, in Highheels meinen Kindern hinterherzujagen oder damit ständig in meinem Londoner Studio herumzulaufen.

Ron: Mode, ist für mich etwas ganz Individuelles, das meine Persönlichkeit zum Ausdruck bringt. Ich bin an der ganzen Schule, für meinen eigenwilligen Kleidungsstil bekannt, den ich alle paar Wochen ändere und zwar, auf überraschende Weise. Ich lasse mir in dem Bereich, von niemandem etwas vorschreiben auch wenn, „meine Eltern“ immer „sagen“: Junge, wie du wieder aussiehst! Ich mag, so einen künstlichen Look, da dürfen auch mal meine Tattoos, alles chinesische Schriftzeichen, deren Übersetzung ich genau kenne, und die eine besondere Bedeutung für mich haben, zu sehen sein. Haarfarbe und -schnitt ändern sich entsprechend dem Look, ob cool, in Schwarz oder hippiemäßig, nämlich knallbunt. Da ich Brillenträger bin, achte ich auch da auf unterschiedliche Modelle, und Gestellfarben. Wenn ich Lust dazu habe, trage ich Ringe oder Armbänder, manchmal, lehne ich Schmuck komplett ab weil, er mir dann zu überladen scheint.

●●●2 Analysiere die Fehlerschwerpunkte in den Texten von Aufgabe 1.
Kreuze bei jedem der folgenden Hinweise an, ob er auf Sara oder auf Ron zutrifft.

	Sara	Ron
A Setze weniger Kommas.	☐	☐
B Setze mehr Kommas.	☐	☐
C Setze das Komma nicht hinter die Konjunktion, sondern unmittelbar davor.	☐	☐
D Achte auf Konjunktionen und die Stellung der finiten Verbform am Ende eines Nebensatzes, um den Nebensatz zu erkennen. Setze Kommas nicht mitten in den Satz.	☐	☐
E Trenne nachgestellte Erläuterungen durch Komma ab.	☐	☐
F Kennzeichne Zitate.	☐	☐
G Setze die Anführungszeichen in Zitaten an die richtige Stelle.	☐	☐

Teste dein Wissen!
Zeichensetzung

1 Begründe für jeden der folgenden Sätze die Kommasetzung. Schreibe die entsprechende Ziffer hinter den Satz. (5 Punkte)

VORSICHT, FEHLER!

1 Satzreihe **2** Satzgefüge **3** Infinitivgruppe **4** Apposition **5** nachgestellte Erläuterung

A Die Möglichkeiten, sich mit Mode auszudrücken, sind vielfältig. ☐

B Eine Novelle von Gottfried Keller, einem Schweizer Schriftsteller, heißt „Kleider machen Leute". ☐

C Viele Menschen experimentieren mit ihrer Kleidung, und zwar auf manchmal überraschende Weise. ☐

D Modeschöpfer sprechen die Träume der Menschen an, denn sie wollen Sehnsüchte stillen. ☐

E Blumenmuster, die für den Frühling oder Sommer stehen, oder goldene Accessoires, welche Reichtum symbolisieren, sind in regelmäßigen Abständen wieder neu angesagt. ☐

2 a Setze im folgenden Text die Kommas. (7 Punkte)
b Unterstreiche: An welcher Stelle kann ein Komma stehen, muss aber nicht? (1 Punkt)

VORSICHT, FEHLER!

Eine weitere Inspirationsquelle um Mode zu entwerfen kann Hollywood sein. Läuft im Kino ein großer Blockbuster zum Beispiel ein aufwendiges Kostümdrama mit einem hohen Staraufgebot können sich Modeschöpfer davon beeinflussen lassen und die Looks der Designer wiederum beflügeln zu neuen Geschichten. Heutzutage spielt das Internet eine hervorragende Plattform für Modeblogs eine nicht unerhebliche Rolle für neue Trends.

3 Im folgenden Text sind die Zitate nicht hervorgehoben. Schreibe den Text ab und füge dabei die richtige Zeichensetzung ein. (4 Punkte)

VORSICHT, FEHLER!

Der Designer Guido Maria Kretschmer schreibt in seinem Buch „Anziehungskraft" (2013) ein Kapitel zu der Frage Wie entstehen eigentlich Trends?. Da es auffällig sei, dass es oft ähnliche Looks bei den Designern auf den Modeschauen zu sehen gebe, frage man sich zu Recht: Ist das Zufall oder Absicht?, so Kretschmer. Er selbst verneint die Frage nach einer Abstimmung mit den Worten: Diese großen Kreativ-Egos kämen vermutlich nie auf einen Nenner! Kretschmer schreibt weiter: Meine Inspiration für neue Kollektionen kommt aus den unterschiedlichsten Bereichen. Manchmal ist es ein Musikstück oder Architektur, eine Farbe, die mich angesprungen hat, oder Menschen im täglichen Leben.

Vergleiche deine Ergebnisse mit dem Lösungsheft. Für jede richtige Antwort bekommst du einen Punkt.

☺ 17–13 Punkte	☺ 12–9 Punkte	☹ 8–0 Punkte
Gut gemacht!	Gar nicht schlecht, aber lies dir das Merkwissen auf S. 95–99 noch einmal genau durch.	Arbeite S. 95–100 noch einmal genau durch.

Teste deinen Lernstand!

Wie kannst du mit der folgenden Einheit arbeiten?

1 Der folgende Test (S. 102–111) hilft dir zu erkennen, was du im Fach Deutsch schon alles gelernt hast: Was weiß ich? Was kann ich? Wo bin ich noch unsicher? Wo habe ich Lücken?
Du kannst mit dem Test verschiedene Bereiche prüfen:
- das **Verstehen von Sachtexten und literarischen Texten** (Aufgaben Teil A),
- **Grammatik** (Aufgaben Teil B)
- **Rechtschreibung** (Aufgaben Teil C) und
- das **Schreiben von argumentierenden Texten** (Aufgaben Teil D).

Am Ende des Schuljahrs kannst du herausfinden, ob du erfolgreich gelernt hast. In der Mitte des Schuljahrs kannst du testen, wo du Schwächen hast und was du noch einmal üben musst.

2 In dem Test begegnen dir verschiedene **Aufgabenarten**, z. B.: in einer Auswahl von möglichen Antworten die richtige ankreuzen (Multiple-Choice), Informationen passend zuordnen, Kurzantworten geben oder zu Materialien einen informativen Text schreiben und Stellung nehmen.

3 Lies die Texte und die **Aufgabenstellungen** immer sehr aufmerksam und überlege, bevor du z. B. vorschnell ankreuzt, ob du jeweils **genau verstanden** hast, was verlangt wird.

4 Du kannst deine Antworten mithilfe des Lösungshefts selbst prüfen und anhand der erreichten Punktzahl deinen **Lernstand bewerten**.
Vielleicht kannst du den Test auch zusammen mit einer Partnerin / einem Partner schreiben. Abschließend könnt ihr eure Fehlerschwerpunkte feststellen und beraten, was noch einmal geübt werden sollte.

A Einen Text verstehen

Lies den Text über die amerikanische Militärbasis Area 51 und löse die Aufgaben auf den nächsten Seiten.
Beachte: Bei Multiple-Choice-Aufgaben ist immer nur **eine** Lösung richtig.

Nicole Sagener
Militärbasis Area 51 – Aliens und fliegende Backbleche *(2013)*

„Die Wahrheit liegt irgendwo da draußen." So tröstete sich FBI-Agent Fox Mulder immer dann, wenn sein Ziel, die Existenz außerirdischer Intelligenz auf der Erde zu beweisen, abermals von Unbekannten durchkreuzt wurde. Neun Jahre, bis 2002, jagte Mulder mit seiner skeptischen Partnerin Dana Scully in der US-Fernsehserie Akte X vergeblich teils extraterrestrischen[1] Lebensformen nach. Beliebter Schauplatz war dabei wiederholt das mysteriöse Sperrgebiet namens Area 51 in der Wüste von Nevada. Eine eingeschworene Gemeinde von Verschwörungstheoretikern und Ufologen ist überzeugt, dass dort die Überreste von Außerirdischen aufbewahrt werden, die nach dem Absturz ihrer fliegenden Untertasse 1947 nahe der US-Kleinstadt Roswell geborgen worden seien.

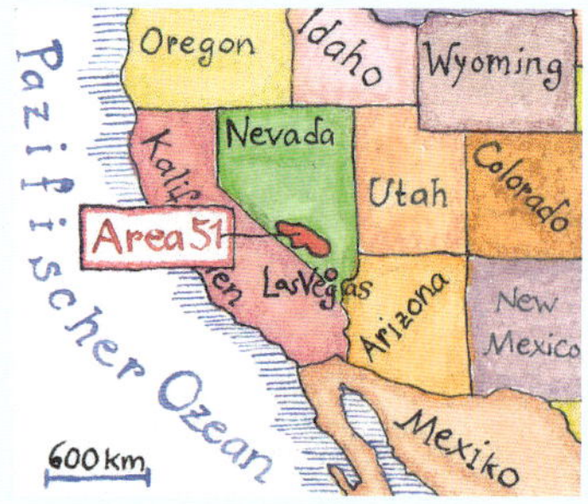

Der US-Geheimdienst CIA bestätigt in einem nun veröffentlichten Archivdokument die Existenz der militärischen Sperrzone Area 51 rund 200 Kilometer nordwestlich der Glücksspielmetropole Las Vegas. Von fliegenden Untertassen ist darin allerdings nicht die Rede. Offenbar wurde das Areal als Testgelände für die Spionageflugzeuge U-2 und Oxcart etwa während des Kalten Krieges[2] genutzt.

1 extraterrestrisch: außerirdisch

Für die ohnehin seit Jahren schwächelnde Gemeinschaft der Ufologen dürfte das ein herber Schlag sein. Die Area 51, jener fruchtbare Boden für Verschwörungstheorien, fällt der banalen Realität zum Opfer.
Ohnehin werden seit Jahren immer weniger fliegende Untertassen gesichtet. Allein in Großbritannien haben sich von einst mehr als hundert Ufo-Vereinen zwei Drittel aufgelöst. 2009 schloss auch noch das britische Verteidigungsministerium sein Büro für unbekannte Flugobjekte. 2012 beriefen Ufologen daher die Krisentagung Seriously Unidentified? – Ernsthaft unbekannt? – an der Universität Worcester ein.
„Die Zahl paranormaler[3] Aktivitäten ist stabil", sagte damals zwar Dave Wood von der 1981 gegründeten britischen Association for the Scientific Study of Anormalous Phenomena. Geister würden nach wie vor rege gesichtet und auch Gedanken telepathisch[4] übertragen. „Aber die Zahl der Ufo-Meldungen ist in den vergangenen zwanzig Jahren um 96 Prozent eingebrochen." Gehe es weiter wie bisher, sei die Ufologie in zehn Jahren tot.
Der Hype um Außerirdische scheint sich zu legen. Er hielt lange an.
Am 24. Juni 1947 wurden neun leuchtende Objekte in der Nähe vom Mount Rainier im US-Bundesstaat Washington gesichtet – „als ob man Untertassen übers Wasser hüpfen lässt", berichtete der Augenzeuge Kenneth Arnold damals. Dass Arnold die Objekte ursprünglich als eher bumerangförmig bezeichnet hatte – in anderen Quellen ist von „ähnlich einem Backblech" die Rede – ging unter.
Im selben Jahr dann kam es in New Mexico zum legendären Roswell-Zwischenfall: Ein Farmer aus der Kleinstadt entdeckte in der Wüste des US-Bundesstaates merkwürdige Stücke aus einem ultraleichten, silbern glänzenden Material. Die Air Force erklärte, es handele sich um Überreste eines Wetterballons. Doch bis heute sind Ufologen davon überzeugt, dass hier Wrackteile eines Raumschiffs lagen. Dies sei abgestürzt und die Army habe vier Leichen von Aliens geborgen und sie schnurstracks in die geheime Militärbasis Area 51 verfrachtet und dort schockgefrostet.

Mysteriöse Phänomene ließen sich in dieser Zeit bequem mit dem geheimen Spiel der Mächte im Kalten Krieg erklären. Zumeist aber entpuppten sich vermeintliche fliegende Untertassen als Wetterballons, Satelliten, Meteoriten oder eben geheime Spionage- und Flugzeugprojekte.
Dass jemals Ufos auf unserer Erde gelandet sind, bleibt weiter unwahrscheinlich. Zwar entdeckten erst kürzlich Astronomen im benachbarten Sonnensystem Alpha Centauri einen steinigen Exoplaneten[5] in gerade einmal 4,3 Lichtjahren Entfernung. Sollte er von hochentwickelten Außerirdischen bewohnt sein, würden diese aber selbst mit moderner Antriebstechnik ungefähr 75 000 Jahre benötigen, um die Erde zu erreichen.
Schließlich ist da noch die Goldfisch-Theorie, die Denis Plunkett vom British Flying Saucer Bureau einmal einem Reporter erläutert haben soll. Sie besagt, dass die Außerirdischen „nicht sehr interessiert sind an uns, ebenso wie Goldfische nicht an uns interessiert sind und wir nicht an den Goldfischen".

2 der Kalte Krieg: Konflikt zwischen den Westmächten unter Führung der USA und dem Ostblock unter Führung der UdSSR/Sowjetunion (1947–1989), deren Einflussbereiche strikt getrennt wurden („Eiserner Vorhang")

3 paranormal: übersinnlich, nicht auf natürliche Weise erklärbar

4 telepathisch: die Telepathie betreffend (Wahrnehmung von Gedanken anderer ohne sinnliche Vermittlung)

5 der Exoplanet: Planet, der in einem anderen Sonnensystem um einen Stern kreist

Aufgabe 1

Kreuze die richtige Antwort an. Die Area 51 wurde offenbar genutzt als …

1 Punkt

☐ Punkt

A ☐ Testgelände der Ufo-Forschung.

B ☐ Testgelände für Spionageflugzeuge.

C ☐ Aufbewahrungsort für abgestürzte Ufos.

D ☐ Aufbewahrungsort für Spionageflugzeuge.

Aufgabe 2

Kreuze für jede der folgenden Aussagen an, ob sie richtig oder falsch ist. **6 Punkte**

	richtig	falsch
A In „Akte X" wurde die Existenz Außerirdischer auf der Erde bewiesen.	☐	☐
B Die CIA hat die Existenz der Area 51 bestätigt.	☐	☐
C Die Area 51 war nie eine militärische Sperrzone.	☐	☐
D Die Zahl angeblich gesichteter Geister ist stabil, die gesichteter Ufos nicht.	☐	☐
E Ufologen sind überzeugt, dass in Area 51 Überreste von Aliens aufbewahrt werden.	☐	☐
F Ufos entpuppten sich häufig als Satelliten oder Spionageflugzeuge.	☐	☐

☐ Punkte

Aufgabe 3

Kreuze die richtige Antwort an. Die Gemeinschaft der Ufologen … **1 Punkt**

A ☐ ist in den letzten Jahren erstarkt.
B ☐ ist 1947 aufgelöst worden.
C ☐ ist seit 1947 im Aufwind.
D ☐ geht seit Jahren zurück.

☐ Punkt

Aufgabe 4

Kreuze die richtige Antwort an. „[…] fällt der banalen Realität zum Opfer" (Z. 32) bedeutet … **1 Punkt**

A ☐ durch eine einfache Wahrheit entzaubert werden.
B ☐ sich als wahr erweisen.
C ☐ zugunsten einer Lüge für wahr erklärt werden.
D ☐ die Wahrheit zu verdrehen.

☐ Punkt

Aufgabe 5

Kreuze die richtige Antwort an. „Hype" (Z. 50) bedeutet … **1 Punkt**

A ☐ ausgesprochenes Desinteresse.
B ☐ ausdrückliche Warnung.
C ☐ Welle inszenierter Begeisterung.
D ☐ große Gefahr.

☐ Punkt

Aufgabe 6

Kreuze die richtige Antwort an. Astronomen entdeckten erst kürzlich … **1 Punkt**

A ☐ einen Exoplaneten in 75 000 km Entfernung.
B ☐ einen steinigen Exoplaneten.
C ☐ den Exoplaneten Alpha Centauri.
D ☐ einen bewohnten Exoplaneten.

☐ Punkt

Aufgabe 7

Verbinde die Sätze so durch Linien, dass sie die Informationen aus dem Text richtig wiedergeben. **3 Punkte**

A Dass ein Farmer aus Roswell 1947 merkwürdige, silbern glänzende Stücke entdeckte,	**a** aber die amerikanische Luftwaffe erklärte, es seien die Überreste eines Wetterballons.
B Ufologen waren davon überzeugt, dass es sich bei dem ultraleichten Material um Wrackteile eines Raumschiffs handelte,	**b** und die Army habe die Leichen von Außerirdischen geborgen, um sie in der Militärbasis Area 51 zu verstecken.
C Die Ufologen behaupteten, in der Wüste von New Mexico sei ein Ufo abgestürzt	**c** nennt man den legendären Roswell-Zwischenfall.

☐ Punkte

Aufgabe 8

Erkläre die sogenannte „Goldfisch-Theorie" mit eigenen Worten. Was bedeutet der Vergleich? **4 Punkte**

Punkte

Aufgabe 9

a Sieh dir das Säulendiagramm genau an. Es zeigt die tatsächlichen Ursachen angeblicher Ufo-Sichtungen.

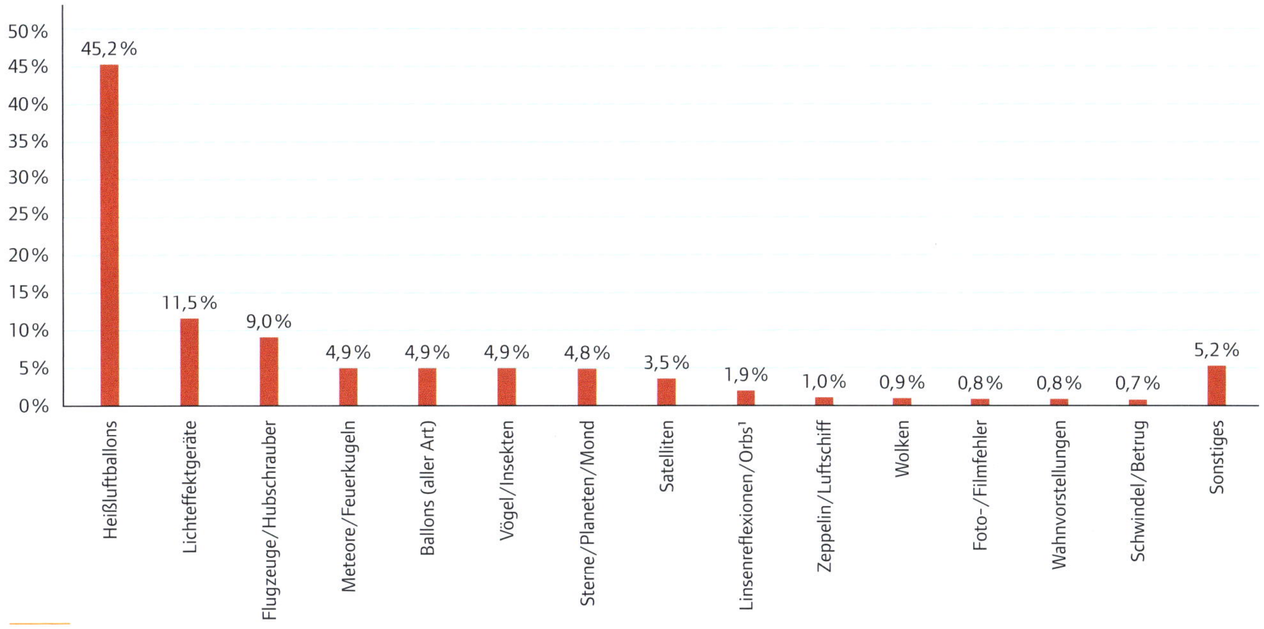

1 Orbs: sogenannte „Geisterflecke", leuchtende, runde Flecken in Fotos, die durch die Technik entstehen (häufig bei Blitzlichtaufnahmen)

b Kreuze für jede der folgenden Aussagen an, ob sie richtig oder falsch ist. **5 Punkte**

	richtig	falsch
A Am häufigsten werden Ballons aller Art mit Ufos verwechselt.	☐	☐
B Mit Tieren werden Ufos nie verwechselt.	☐	☐
C Foto- und Filmfehler kommen seltener vor als Linsenreflexionen.	☐	☐
D Tiere, Ballons aller Art und Meteore werden gleich häufig mit Ufos verwechselt.	☐	☐
E Auch Wolken können von Menschen als Ufos wahrgenommen werden.	☐	☐

Punkte

Aufgabe 10

Notiere die Textstelle, auf die sich das Diagramm beziehen lässt. Gib die Zeilen an. **1 Punkt**

Punkt

Lies den Text und löse die nachfolgenden Aufgaben.

Günter Kunert

Die kleinen grünen Männer *(1964)*

Sie sind in vielen utopischen Romanen beschworen worden; ihr Ursprungsplanet, voreilig als Saturn, manchmal als Mars bezeichnet, wird nun dem Vernehmen nach an den Rand unserer Milchstraße gerückt. Dort, wo die schärfsten Teleskope nichts mehr erkennen als schimmernde Flecken, Ballen von dunkler Materie in Dimensionen, für die uns das Vorstellungsvermögen fehlt, dort sollen sie leben, die kleinen grünen Männer, und von dort werden sie einst kommen, meint die Fama[1], um uns zu domestizieren[2].

Es heißt, was sie mit uns vorhaben, wisse niemand. Ihre Pläne seien unbekannt, ihre Ziele fern menschlicher Fantasie. Eine der Spekulationen: Sie neideten uns unsere lichte Welt, den hellen Himmel, die geordneten Verhältnisse, da fröhlich singend man zur Arbeit schreitet, da am Abend man aus dem Fenster blickt und, zufrieden vom Tagwerk, ins große Verdämmern.

Gewiss: Über den Zeitpunkt der Invasion besteht umfassende Unklarheit. Manche wiegen sich in der Hoffnung, unser Jahrtausend jedenfalls werde von den kleinen grünen Männern frei bleiben; andere wieder sind fest überzeugt, dass die zarten grünen Finger der aus unzählbaren Raketenschiffen Steigenden eines Morgens und noch in diesem Jahrhundert an unsere irdische Tür pochen werden. Ein ganz leichtes, kaum vernehmbares Geräusch soll es sein. Doch dem, der es hört, werde das Herz stehen bleiben, meinen jene, die davon reden, selber Unwissende, die das Ausmaß der schrecklichen Wahrheit nicht kennen.

Sie ahnen ja nicht, dass die Landung bereits stattgefunden hat. Das Klopfen ist längst verhallt.

Die Schläfer haben sich röchelnd einmal in ihren warmen Betten herumgedreht und nicht gespürt, wie die kleinen grünen Männer mit einem kleinen grünen Lächeln auf den Gesichtern in sie einschlüpften: Mittels spezieller Instrumente, von denen sich unsere Universitätsweisheit absolut nichts träumen lässt, begaben sie sich durch die dicken schnarchenden Nasen, durch quallige Ohrmuscheln, bleckende Zahnreihen in die dumpfdämmernde Spezies[3] selbst. Dort hausen sie heute.

Wie Panzer fahren sie uns über die Straßen und Treppen, rammen uns gegeneinander. Wenn wir einander leiden machen, uns hassvoll zugrunde richten, treten, stoßen, würgen und töten, verspüren sie der Lust Verwandtes.

Hinter deinen Augen, nachdem du mich verraten, sah ich das kleine grüne Freudenfeuer flackern, das da tief drinnen einer angezündet hatte.

1 die Fama: Gerücht

2 domestizieren: wilde Tiere zähmen, zum Haus- bzw. Nutztier machen

3 die Spezies: Tier- oder Pflanzenart (hier: Mensch)

Aufgabe 11

Kreuze die richtige Antwort an. Der Text ist …

1 Punkt

A ☐ ein philosophischer Text.

B ☐ eine satirische Kurzgeschichte.

C ☐ ein Auszug aus einem utopischen Roman.

D ☐ eine lustige Glosse.

☐ Punkt

Aufgabe 12

Kreuze für jede der folgenden Aussagen an, ob sie richtig oder falsch ist. **6 Punkte**

	richtig	falsch
A Die Menschen spekulieren darüber, dass die kleinen grünen Männer sie beneiden.	☐	☐
B Der Zeitpunkt der Invasion von einem fremden Planeten ist den Menschen klar.	☐	☐
C Die Menschen haben nicht gemerkt, dass die Aliens längst auf der Erde sind.	☐	☐
D Die Aliens haben ausgewählte Menschen auf ihren Planeten entführt.	☐	☐
E Die kleinen grünen Männer hausen in den Menschen.	☐	☐
F Die kleinen grünen Männer verspüren Lust an Gewalt.	☐	☐

☐ Punkte

Aufgabe 13

Kreuze die richtige Antwort an. *Sie* (Z. 30) … **1 Punkt**

A ☐ bezieht sich auf die kleinen grünen Männer.
B ☐ meint die unwissenden Menschen.
C ☐ richtet sich an den Leser (Höflichkeitsanrede).
D ☐ meint die Romanautoren.

☐ Punkt

Aufgabe 14

Drei Schüler/-innen haben den letzten Satz des Textes gedeutet (Z. 47–49).

A Tim:
Das Gegenüber des Erzählers ist zu einem kleinen grünen Männchen geworden, das ihn auslacht.

B Luisa:
Der Erzähler ärgert sich, dass ihn sein Gegenüber betrogen hat.

C Elin:
Der Erzähler erkennt, dass ein Alien sein Gegenüber steuert und Lust an dem von ihm verursachten Verrat empfindet.

Welcher der drei Deutungen kannst du zustimmen? Begründe mit Bezug auf den Text. **3 Punkte**

____

____

☐ Punkte

Aufgabe 15

Kreuze die richtige Antwort an: „[…] sind […] beschworen worden" (Z. 1 f.) bedeutet … **1 Punkt**

A ☐ „sind nie bewiesen worden".
B ☐ „sind erschwert worden".
C ☐ „sind beschwichtigt worden".
D ☐ „sind als existierend dargestellt worden".

☐ Punkt

Aufgabe 16

Kreuze die richtige Antwort an. Der Textauszug von Z. 11 bis 17 ist geschrieben … **1 Punkt**

A ☐ im Konjunktiv II (Irrealis).
B ☐ im Indikativ.
C ☐ in der indirekten Rede.
D ☐ im Futur.

☐ Punkt

B Grammatik

Aufgabe 17

Dativ oder Genitiv? Trage die eingerahmten Wortgruppen im richtigen Kasus in die Lücken ein und bestimme anhand der Hilfsfragen: D für Dativ oder G für Genitiv. **6 Punkte**

Ein zentrales Motiv in Science-Fiction-Filmen ist die Vorstellung, dass Aliens die Erde heimsuchen und von ____________ ☐ die Menschen Besitz ergreifen könnten. In vielen Science-Fiction-Filmen spiegelt sich die Angst der Menschen vor einer ____________ ☐ ungewisse Zukunft. Besonders in der Zeit ____________ ____________ ☐ der sogenannte Kalte Krieg, ____________ ☐ der Konflikt zwischen den Westmächten und ____________ ☐ der Ostblock, entstanden viele Science-Fiction-Filme, welche die Bedrohung durch das Unbekannte zum Thema haben. „Das Ding aus einer anderen Welt" oder „Kampf der Welten" sind Beispiele für Filme aus den Fünfzigerjahren, in denen sich die Angst vor ____________ ☐ die Invasion ____________ ☐ fremde Mächte spiegelt. Besonders angsteinflößend war die Vorstellung, dass Außerirdische von den Menschen Besitz ergreifen und sie mithilfe ____________ ☐ überlegene Technologie zu ____________ ☐ seelenlose Wesen machen. Dafür ist der Film „Invasion der Körperfresser" ein gutes Beispiel. Trotz der Veränderung ____________ ____________ ☐ die politische Situation ist das Thema Invasion, einschließlich ____________ ☐ das Motiv ____________ ☐ die Übernahme des menschlichen Körpers durch außerirdische Wesen, bis heute aktuell: Ein Beispiel gibt der Film „Men in Black".

☐ Punkte

Aufgabe 18

Forme den Nebensatz ins Passiv um, um das Geschehen zu betonen. **1 Punkt**

Es gibt auch Filme, in denen man auf eine Verständigung mit Aliens hofft.

____

____ ☐ Punkt

Aufgabe 19

Verbinde zu einer Satzreihe/Satzverbindung. Vermeide Wiederholungen, indem du die Ersatzprobe anwendest. **2 Punkte**

Der Film „Contact" (USA 1997) ist eine Ausnahme innerhalb des Genres.

In diesem Film kommt es zu einer positiven Begegnung mit Aliens.

____

______________________________ ☐ Punkte

Aufgabe 20

Setze in dem Filmzitat aus „Contact" den Konjunktiv II ein. **2 Punkte**

„Wenn wir die Einzigen im Universum sein ______________ sollen ,

______________ sein das eine ziemliche Platzverschwendung." ☐ Punkte

Aufgabe 21

Verbinde zu Satzgefügen, in denen die Vorzeitigkeit im Plusquamperfekt ausgedrückt wird. Verwende die Konjunktion *nachdem*. **2 Punkte**

A Die Cutterin schneidet das Filmmaterial. Die Crew dreht die letzte Aufnahme.

____

______________________________ ☐ Punkte

B Der Film erhält einen Oscar. Die Film-Crew feiert die Auszeichnung.

____

______________________________ ☐ Punkte

Aufgabe 22

Verbinde jedes der Satzpaare zu einem Satz. Manchmal musst du die Satzglieder umstellen. **5 Punkte**

a Notiere für jede angebotene Konjunktion den Buchstaben des Satzes, den sie passend verbinden kann.
b Schreibe die Sätze in dein Heft.

während | obwohl | weil | nachdem | denn

A Der Plot des Film-Klassikers „E.T. – Der Außerirdische" ist schnell erzählt. Er ist sehr schlicht.

B Elliott findet ein merkwürdiges Wesen. Es ist versehentlich auf der Erde zurückgelassen worden.

C Der Außerirdische jagt ihnen zuerst Angst ein. Elliott und seine Geschwister wollen ihm helfen.

D Die Kinder verstecken ihn. Die Erwachsenen dürfen nichts davon erfahren.

E E.T. kann nur auf seinem Heimatplaneten überleben. Auf der Erde muss er bald sterben.

☐ Punkte

C Rechtschreibung

Aufgabe 23

Im Schiller-Gymnasium werden zur Lesemotivation regelmäßig Buchempfehlungen ausgehängt. Die folgende Empfehlung eines Schülers für einen Science-Fiction-Roman enthält viele Fehler. Unterstreiche sie und notiere die Verbesserung in der Randspalte.

10 Punkte

Dringend lesen: Witziger Science-Fiction-Roman!

Worum geht's? Der Roman „Ich und die Menschen" von Matt Haig (erschienen 2014) kann Fantasiewecken und regt zum nachdenken über unser Dasein an. Der Roman ist aus der Sicht eines Außerirdischen nieder geschrieben, der von einem fernen Planeten auf die Erde geschickt wurde, um in den Körper des Mathematikprofessors Andrew Martin zu schlüpfen, welcher an einem komplexen mathematischen Problemarbeitet. Das entschlüsseln dieses Rätsels würde die technische Entwicklung so weit voran treiben, dass die Menschen im Universum eine Gefahr darstellen würden. Also schlüpft der Außerirdische mit dem Auftrag ins Leben des Professors, dessen Aufzeichnungen sowie alle anderen zu vernichten, die darüber Bescheidwissen.

Warum lesen? Das Buch ist sehr humorvoll geschrieben: Weil der Außerirdische mit dem Leben auf der Erde und der „primitiven Lebensform" Mensch zunächst überhaupt nicht klar kommt, ergeben sich allerlei kuriose Situationen. Nach einigem drunter und drüber kann er aber immer mehr liebenswertes an den Menschen wahr nehmen. Sein vorhaben gerät dadurch ins wanken. Wird es ihm jetzt noch leicht fallen, die inzwischen lieb gewonnene Familie Martin erbarmungslos kalt zu machen? Der Roman hat etwas leichtes und beflügelndes. Er bringt einen zum schmunzeln – der witzige Stil tut ein übriges dazu.

Punkte

Aufgabe 24

Schreibe auf, welche beiden Fehlerschwerpunkte in dem Text vorkommen.

2 Punkte

A ______________________

B ______________________

Punkte

D Eine Streitfrage pro und kontra erörtern

Aufgabe 25

Schreibe eine Pro-und-Kontra-Erörterung zu folgender Streitfrage: **20 Punkte**
„Sollten wir Menschen den Kontakt zu außerirdischen Lebensformen aktiv suchen?"
Gehe vor wie folgt:

a Sammle Ideen. Lies den folgenden Text und markiere die Argumente, die Stephen Hawking gegen eine Kontaktaufnahme anführt.

Christoph Titz
Warnung von Astrophysiker Hawking: Sprecht bloß nicht mit den Aliens! *(2010)*

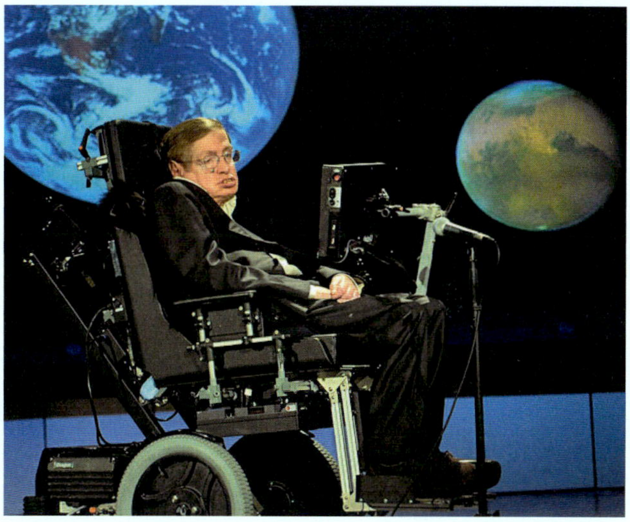

Stephen Hawking ist sich schon lange sicher, dass es im All noch mehr Leben gibt als nur das auf unserem kleinen Planeten Erde – wenn auch meist in kleinen, primitiven Formen. Jetzt aber bezog er erstmals deutlicher Stellung in einer Debatte, die den meisten Menschen vorkommen wird wie Science Fiction: Ja, bekennt Hawking nun, er glaube auch an die Möglichkeit intelligenten Lebens im All. Fraglich sei aber, ob wir uns wirklich wünschen sollten, dass diese Aliens von uns erfahren.

Damit nimmt Hawking eine Position in einem Streit ein, der seit Jahrzehnten in der Seti-Gemeinde schwelt – das Kürzel steht für *Search for extraterrestial Intelligence*. Ende 2006 brach der Konflikt auf, als in einem Vorwort zum renommierten Wissenschaftsmagazin „Nature" die Seti-Community dafür getadelt wurde, in ihrer Grundbegeisterung für die Suche nach außerirdischem Leben keine offene Debatte darüber zu führen, ob die Kommunikationsversuche auch ein Risiko für die Menschheit beinhalten.

Seitdem kocht der Streit zwischen der sogenannten aktiven Seti, die Rufe ins All schickt, und der passiven Seti, die nur lauscht, kräftiger denn je. Inzwischen dreht sich die Debatte auch darum, wer eigentlich ein Mandat habe, darüber zu entscheiden, was für Informationen überhaupt ins All geschickt werden.

Am besten keine, sagt nun der Mann, dessen Wort enormes Gewicht hat: Stephen Hawking gilt als eines der wenigen lebenden Genies unserer Tage. Der Wissenschaftler warnt eindringlich vor dem Kontakt mit intelligenten Lebensformen. Das meiste dort draußen sei zwar Kleinkram, Mikroben und einfache Tierchen, also solche Lebewesen, wie sie die Biosphäre auch den längsten Teil der Geschichte unseres Planeten dominierten. Gebe es aber auch intelligentes Leben, dann wäre das für die Erde eine existenzielle Bedrohung.

Solche Aliens könnten über die Erde herfallen, sich ihrer Ressourcen bemächtigen, und wenn der Planet ausgelaugt sei, würden sie weiterziehen. Hawking schließt das aus der Betrachtung unserer eigenen Art: „Wir müssen nur auf uns selbst schauen, um zu sehen, wie sich aus intelligentem Leben etwas entwickelt, dem wir lieber nicht begegnen möchten." Fortschrittliche Aliens würden wohl ein nomadenhaftes Leben führen und versuchen, alle Planeten zu erobern und zu kolonisieren, die sie finden können. Darum sei es wohl „ein wenig zu gefährlich", den Kontakt zu suchen. Kämen die Außerirdischen, wäre der Effekt in etwa so wie die Landung von Christoph Columbus in Amerika – „und die ist den amerikanischen Ureinwohnern auch nicht bekommen", so Hawking.

b Erweitere deine Stoffsammlung. Sammle eigene Argumente zur oben genannten Streitfrage:
- mindestens zwei weitere Argumente, die Hawkings Position untermauern,
- mindestens zwei Argumente, die für eine aktive Kontaktaufnahme mit Außerirdischen sprechen.

c Belege mindestens eines deiner Argumente mit einem Beispiel.

d Lege einen Schreibplan (→ S. 24) für deine Argumentation an (in Blöcken oder fortlaufend).

e Schreibe den vollständigen Text in dein Heft.

Punkte

Textquellenverzeichnis

6 Langenberg, Lara: http://lara-karibu.blogspot.de/2014/03/abschlussbericht.html [03.02.2015]. **7** M 2: http://www.internationaler-jugend-freiwilligendienst.de/ijfd/ [24.10.2014]. M 3 und 4: http://www.wegweiser-freiwilligenarbeit.com [04.02.2015]. **27 f.** Höfken, Ulrike: Weniger ist mehr. http://www.theeuropean.de/mehr-fleisches-lust-statt-billig-wurst/2419-mehr-fleisches-lust-statt-billig-wurst-2 [04.02.2015]. **32 f.** Maas, Heiko: Rede auf der Konferenz zum Safer Internet Day, 11.02.2014. http://www.bmjv.de [04.02.2015]. **38 f.** Wohmann, Gabriele: Du kriegst nichts geglaubt. Aus: Scherben hätten Glück gebracht. Erzählungen. Aufbau Verlag, Berlin 2006, S. 65 f. **44** Zech, Paul: Fabrikstraße Tags Aus: Das schwarze Revier. München: Musaion, 1922, S. 10. **48 f.** Shakespeare, William: Romeo und Julia. Übersetzt und für die Schule bearbeitet von Diethard Lübke. Cornelsen Verlag, Berlin 2011, S. 13–16. **60 f.** Vier Empfehlungen [...]. Aus: Schüler-Knigge: 2009. http://www.knigge-rat.de/download/schueler_knigge.pdf, S. 4, 5, 9, 12, 2 [04.02.2015]. **102 f.** Sagener, Nicole: Militärbasis Area 51 – Aliens und fliegende Backbleche. Die Zeit online, 16.08.2013. http://www.zeit.de/wissen/geschichte/2013-08/area-51-ufo-cia-archiv-geschichte [04.02.2015]. **106** Kunert, Günter: Die kleinen grünen Männer. Aus: Tagträume in Berlin und andernorts. Hanser, München 1972, S. 42 f. **111** Titz, Christoph: Warnung von Astrophysiker Hawking: Spiegel online, 24.05.2010. http://www.spiegel.de/wissenschaft/weltall/warnung-von-astrophysiker-hawking-sprecht-bloss-nicht-mit-den-aliens-a-691115.html [04.02.2015]

Bildquellenverzeichnis

Illustrationen
Uta Bettzieche, Leipzig: S. 12, 18–20, 26, 29, 31, 54, 57, 58, 60, 62, 63, 71, 75
Nils Fliegner, Hamburg: S. 22, 96–97
Bianca Schaalburg, Berlin: S. 79, 81, 83–85, 87, 93, 94
Sulu Trüstedt, Berlin: S. 10, 14, 35, 38, 44, 47, 48, 50–53, 102, 106

Weitere Bildquellen
6 © Sina-Sophie Preiss; **7, 8, 103, 111** mauritius images/Alamy; **13** links: © erzu © Guido Thomasi – Fotolia.com; rechts: © grafikplusfoto – Fotolia.com; **15** oben links, unten links: © Robert Kneschke – Fotolia.com; oben rechts: © Janina Dierks – Fotolia.com; unten rechts: © K.-P. Adler – Fotolia.com; unten Mitte: © Picture-Factory – Fotolia.com; **17** unten: mauritius images/Alamy; oben: picture-alliance/ZB; **27** © Heinze, Winfried/the food passionates/Corbis; **28** © sulu-press #56044623 – Fotolia.com; **29** Grafik aus: Der Fleischatlas 2014. Creative-Commons-Lizenz (CC BY-SA 3.0 DE). Der Text der Lizenz ist unter http://creative-commons.org/licenses/by-sa/3.0/de/legalcode abrufbar; **32** picture alliance/BeckerBredel; **34** picture alliance/dpa; **64** Imago; **69** © DoraZett – Fotolia.com; **71** © industrieblick – Fotolia.com; **76** links: Clip Dealer /Darius Turek; rechts: © I-pics – Fotolia.com; **77** © rdnzl – Fotolia.com; **80** © Gerhard Seybert/akg-images; **82** © Syda Productions – Fotolia.com; **86** © Gerhard Seybert – Fotolia.com; **89** oben rechts: © Sven – Fotolia.com; unten links: © Claudia Paulussen – Fotolia.com; **92** © Photographee.eu – Fotolia.com; **95** © Daniel Ernst – Fotolia.com; **98** oben links: Colourbox.com; unten rechts: picture-alliance/Süddeutsche; **99** imago/imago/Ralph Peters; **100** oben: © Lucky Dragon – Fotolia.com; unten: © Dominique VERNIER – Fotolia.com; **101** © hifashion – Fotolia.com; **105** Grafik: http://www.ufo-datenbank.de/gep/gep/wp-content/uploads/2009/03/forschung_statistik2009a.jpg [04.02.2015]; **107** rechts: © pictonaut – Fotolia.com; Mitte: © Jeanette Dietl – Fotolia.com; links: © Daniel Ernst – Fotolia.com; **108** © Columbia Pictures/courtesy Everett Collection/action press; **109** picture alliance/dpa

Impressum

Die Grundlage für dieses Werk wurde erarbeitet von Michael Germann, Cordula Grunow, Angela Mielke, Deborah Mohr, Irmgard Schick, Bernd Schurf, Sandra Simberger und Andrea Wagener.

Redaktion: lüra – Klemt & Mues GbR, Wuppertal, Susanne Schulze, Berlin
Gesamtgestaltung und technische Umsetzung: Studio SYBERG, Berlin
Umschlagillustration: Peter Hils, Berlin

www.cornelsen.de

1. Auflage, 7. Druck 2023

Alle Drucke dieser Auflage sind inhaltlich unverändert und können im Unterricht nebeneinander verwendet werden.

Dieses Werk berücksichtigt die Regeln der reformierten Rechtschreibung und Zeichensetzung. Bei den mit [R] gekennzeichneten Texten haben die Rechteinhaber einer Anpassung widersprochen.

Druck: Athesiadruck GmbH

ISBN 978-3-06-061998-6

PEFC
PEFC/18-31-166
PEFC-zertifiziert
Dieses Produkt stammt aus nachhaltig bewirtschafteten Wäldern
www.pefc.de